한 권으로 끝내는

초등 입학 준비 끝!

한자

KB025175

Mirae N 아이세움

자녀가 초등학교 입학을 앞둔 학부모는 준비할 것도, 걱정도 많아집니다.

유치원에서 한글이나 수 세기와 같은 기본 교육을 받았지만

'내 아이가 학교 교육과정을 따라가지 못하면 어쩌지?' 하는 두려움이 들기 때문입니다.

〈한 권으로 끝내는 초등 입학 준비 끝!〉 시리즈는

초등 입학 전 자녀를 둔 부모님들의 이런 걱정을 말끔히 해소해 줄 초등 예비 학습서입니다.

한글, 수학, 영어, 한자, 학교생활 다섯 영역별로 초등학교에 들어가기 전에

알아야 할 필수 문제를 실어, 차근차근 초등 입학 준비를 할 수 있습니다.

1 개정된 초등 교육과정을 반영한 입학 전 필수 문제로 구성!

한글, 수학, 영어, 한자, 학교생활로 구성된 5권의 책에는 개정된 초등 교육과정을 반영한
필수 문제들이 실려 있습니다. 달라진 교과서에 맞추어 1학년 초등 교과서를 심층 분석하여
초등학교 입학을 앞둔 어린이들에게 꼭 필요한 내용을 선별하여 문제로 엮었습니다.

한글 낱말, 글자, 문장 표현 등을 익히면서 초등학교 국어 교육과정을 미리 학습합니다.

수학 수와 연산, 도형, 측정 등을 익히면서 초등학교 수학 교육과정을 미리 학습합니다.

영어 알파벳, 낱말, 문장 표현, 생활 회화 등을 익히면서 초등학교 영어 교육과정을 미리 학습합니다.

한자 한자능력검정시험 7, 8급에 출제되는 한자를 익히면서 초등학교 교육용 기초 한자를 미리 학습합니다.

학교생활 학교 규칙, 예절, 안전 등을 익히면서 학교생활에 완벽하게 적응할 수 있는 자신감을 기릅니다.

2 내실 있는 알찬 문제로 초등 교과 학습 내용을 미리 공부!

〈한 권으로 끝내는 초등 입학 준비 끝! 한자〉는
한자능력검정시험 7급, 8급 한자를 꼼꼼하게 총정리해 볼 수 있는 문제들을 실어
초등학교 교육용 기초 한자를 미리 공부할 수 있도록 구성했습니다.

3 '학습 체크리스트'로 영역별 학습 목표를 정확히 알고 차근차근 학습 완료!

각 영역별로 아이가 꼭 알아야 할 학습 목표를 '학습 체크리스트'로 제시하였습니다.
각 학습을 완료할 때마다 ☐ 안에 표시함으로써 아이가 무엇을 배웠는지,
부족한 부분은 무엇인지 파악하여 차근차근 학습을 완료해 나갈 수 있습니다.

초등 1학년 한자, 이렇게 지도하세요

1 우리말의 70%는 한자

우리말의 100단어 중에서 70단어가 한자로 이루어진 만큼 한자를 잘 알면
우리말을 더욱 잘 이해할 수 있습니다. 학교, 학생, 학습, 학년, 입학 등의 '학'은
'배울 학(學)'의 '학'으로 배운다는 뜻이 숨어 있는 낱말입니다.
'배울 학(學)'을 배우면 800여 개의 우리 단어를 알 수 있게 됩니다.
한자를 많이 알수록 한글 이해력이 높아지는 건 당연한 일입니다.

2 한자 학습은 상형문자부터

한자는 글자 자체에 뜻이 담긴 표의문자입니다. 유아기 아이들 눈에는 한자가 글자라기보다는
그림으로 인식되어 습득이 빠릅니다. 유아기는 알고자 하는 의욕이 용솟음쳐 학습 의욕이
가장 강한 시기입니다. 이웃 나라인 일본에서는 3, 4세 유아 시기에 한자 교육을 많이
시킨다고 합니다. 한글도 익숙지 않은 어린이들에게 한자를 가르칠 수 없다는 생각은
지나친 기우일 뿐입니다. 한자 공부는 이미지로 형상화하기 쉬운 상형문자부터
시작하는 것이 좋습니다. 주변의 사물을 나타내는 한자 위주로 공부를 시작하고,
그림과 이야기를 활용해 한자를 접하도록 해 주세요.

3 전 과목 교과 학습에 도움

논술이 입시의 주요 변수로 떠오르면서 독서 못지않게 강조되는 것이 한자 교육입니다.
다양한 어휘를 적확하게 사용하는 활용 능력은 쉽게 얻어지지 않습니다. 한자를 꾸준히 익히면
국어 어휘 신장을 꾀할 수 있으며, 나아가 전 과목 교과 학습에도 큰 도움이 됩니다.

4 생성 원리를 바탕으로 재미있게 익혀야

한자는 억지로 무조건 암기시킬 것이 아니라 한자의 생성 원리를 바탕으로
재미있게 가르쳐야 합니다. 한자의 생성 원리는 사물의 모양을 본떠서 만든 상형문자가
기본이 되므로 어린이들에게는 그림을 바탕으로 해서 가르쳐야 합니다.
'나무 목(木)'은 나무의 모양을 본뜬 것이니 나무의 그림을 통해서 가르치고,
'쉴 휴(休)'를 가르칠 때는 나무 밑에 사람이 쉬고 있는 그림을 통해 익히게 하면
쉽고 재미있게 공부가 됩니다.

초등 1학년 한자, 체크 포인트!

8급 한자(50자)

ㄱ 教(가르칠 교) 校(학교 교) 九(아홉 구) 國(나라 국) 軍(군사 군) 金(쇠 금)

ㄴ 南(남녘 남) 女(여자 녀) 年(해 년)

ㄷ 大(큰 대) 東(동녘 동)

ㄹ 六(여섯 륙(육))

ㅁ 萬(일만 만) 母(어머니 모) 木(나무 목) 門(문 문) 民(백성 민)

ㅂ 白(흰 백) 父(아버지 부) 北(북녘 북)

ㅅ 四(넉 사) 山(메 산) 三(석 삼) 生(날 생) 西(서녘 서) 先(먼저 선) 小(작을 소) 水(물 수) 室(집 실) 十(열 십)

ㅇ 五(다섯 오) 王(임금 왕) 外(바깥 외) 月(달 월) 二(두 이) 人(사람 인) 一(한 일) 日(날 일)

ㅈ 長(길 장) 弟(동생 제) 中(가운데 중)

ㅊ 靑(푸를 청) 寸(마디 촌) 七(일곱 칠)

ㅌ 土(흙 토)

ㅍ 八(여덟 팔)

ㅎ 學(배울 학) 韓(나라이름 한) 兄(형 형) 火(불 화)

7급 한자(150자)

ㄱ 家(집 가) 歌(노래 가) 間(사이 간) 江(강 강) 車(수레 거/차) 工(장인 공) 空(빌 공) 教(가르칠 교) 校(학교 교) 口(입 구)
九(아홉 구) 國(나라 국) 軍(군사 군) 金(쇠 금, 성씨 김) 旗(깃발 기) 氣(기운 기) 記(기록 기)

ㄴ 男(남자 남) 南(남녘 남) 內(안 내) 女(여자 녀) 年(해 년) 農(농사 농)

ㄷ 答(대답 답) 大(큰 대) 道(길 도) 冬(겨울 동) 動(움직일 동) 同(같을 동) 洞(고을 동) 東(동녘 동) 登(오를 등)

ㄹ 來(올 래) 力(힘 력) 老(늙을 로(노)) 六(여섯 륙(육)) 里(마을 리) 林(수풀 림) 立(설 립)

ㅁ 萬(일만 만) 每(매양 매) 面(얼굴 면) 名(이름 명) 命(목숨 명) 母(어머니 모) 木(나무 목) 問(물을 문) 文(글월 문) 門(문 문)
物(물건 물) 民(백성 민)

ㅂ 方(방향 방) 百(일백 백) 白(흰 백) 夫(남편 부) 父(아버지 부) 北(북녘 북) 不(아니 불/부)

ㅅ 事(일 사) 四(넉 사) 算(셈할 산) 山(메 산) 三(석 삼) 上(위 상) 色(빛 색) 生(날 생) 西(서녘 서) 夕(저녁 석) 先(먼저 선)
姓(성 성) 世(인간 세) 少(젊을, 적을 소) 所(곳 소) 小(작을 소) 手(손 수) 數(셀 수) 水(물 수) 市(시장 시) 時(때 시)
植(심을 식) 食(밥 식) 室(집 실) 心(마음 심) 十(열 십)

ㅇ 安(편안 안) 語(말씀 어) 然(그럴 연) 午(낮 오) 五(다섯 오) 王(임금 왕) 外(바깥 외) 右(오른 우) 月(달 월) 有(있을 유)
育(기를 육) 邑(고을 읍) 二(두 이) 人(사람 인) 一(한 일) 日(날 일) 入(들어갈 입)

ㅈ 子(아들 자) 字(글자 자) 自(스스로 자) 場(마당 장) 長(길 장) 全(온전할 전) 前(앞 전) 電(번개 전) 正(바를 정) 弟(동생 제)
祖(조상 조) 足(발 족) 左(왼 좌) 主(주인 주) 住(살 주) 重(무거울 중) 中(가운데 중) 地(땅 지) 紙(종이 지) 直(곧을 직)

ㅊ 千(일천 천) 天(하늘 천) 川(내 천) 靑(푸를 청) 草(풀 초) 村(마을 촌) 寸(마디 촌) 秋(가을 추) 春(봄 춘) 出(나갈 출) 七(일곱 칠)

ㅌ 土(흙 토)

ㅍ 八(여덟 팔) 便(편할 편) 平(평평할 평)

ㅎ 下(아래 하) 夏(여름 하) 學(배울 학) 漢(한나라 한) 韓(나라이름 한) 海(바다 해) 兄(형 형) 花(꽃 화) 話(말씀 화) 火(불 화)
活(살 활) 孝(효도 효) 後(뒤 후) 休(쉴 휴)

8급 ❶

숫자와 요일 등을 나타내는
한자를 읽고 쓸 수 있습니다.

一二三四 알기

한자의 뜻과 음을 읽어 보고, 빈칸에 알맞은 답을 쓰세요.

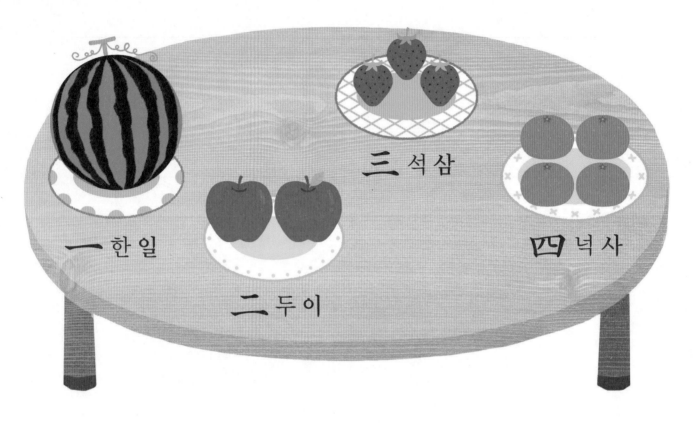

一 한일

二 두이

三 석삼

四 넉사

一은 (하나)라는 뜻이고, (일)이라고 읽습니다.

二는 (   )이라는 뜻이고, (   )라고 읽습니다.

三은 (   )이라는 뜻이고, (   )이라고 읽습니다.

四는 (   )이라는 뜻이고, (   )라고 읽습니다.

석은 '셋'이고, 넉은 '넷'이라는 것을 알려 주세요.

一二三四 익히기

한자를 보고 알맞은 뜻과 음을 따라 선으로 이으세요.

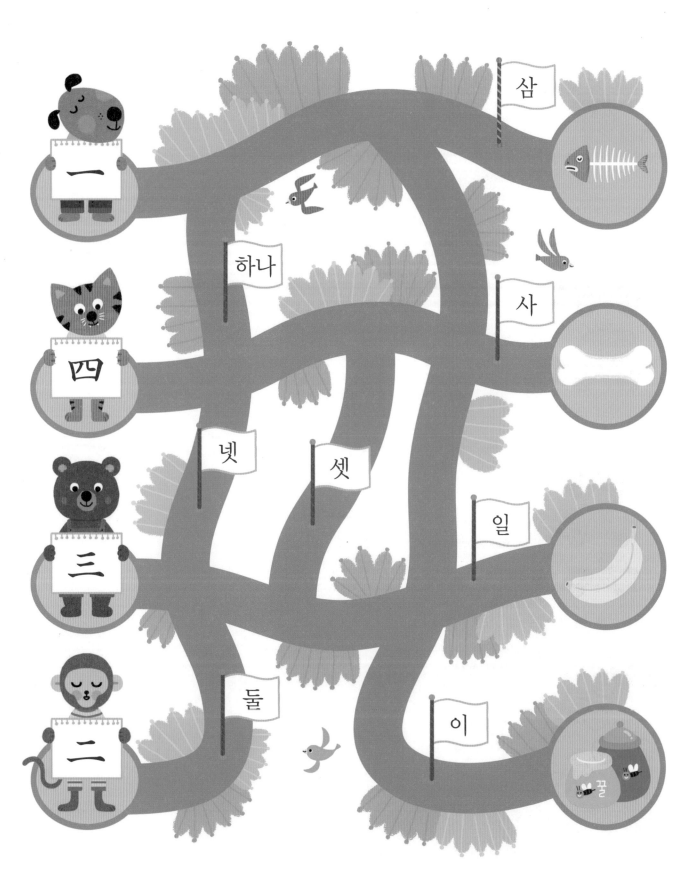

一二三四 쓰기

순서에 맞게 한자를 쓰세요.

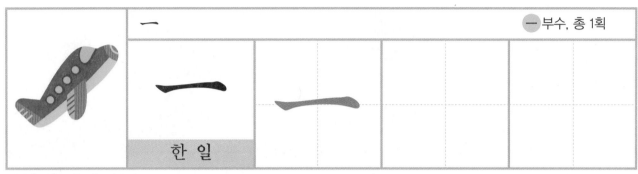

一學年(일학년): 1학년.

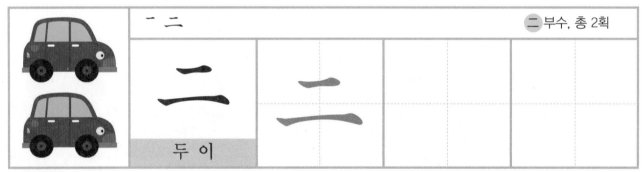

二年(이년): 두 해.

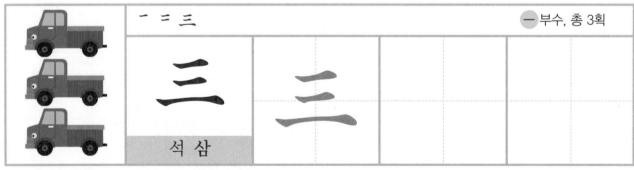

三月(삼월): 한 해 열두 달 가운데 셋째 달.

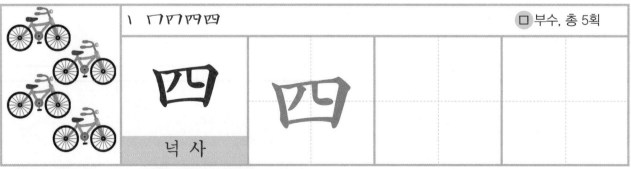

四寸(사촌): 아버지의 친형제·자매의 아들이나 딸.

五六七八 알기

한자의 뜻과 음을 읽어 보고, 빈칸에 알맞은 답을 쓰세요.

五 다섯 오   六 여섯 륙   七 일곱 칠   八 여덟 팔

五는 (다섯)이라는 뜻이고, (오)라고 읽습니다.

六은 (   )이라는 뜻이고, (   )이라고 읽습니다.

七은 (   )이라는 뜻이고, (   )이라고 읽습니다.

八은 (   )이라는 뜻이고, (   )이라고 읽습니다.

五六七八 익히기

풍선의 수를 세어 보고 알맞은 한자를 찾아 선으로 이으세요.

五六七八 쓰기

8급 ❶

순서에 맞게 한자를 쓰세요.

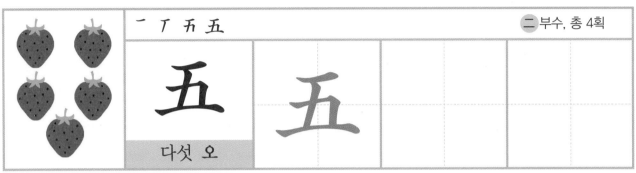

五月(오월): 한 해 열두 달 가운데 다섯째 달.

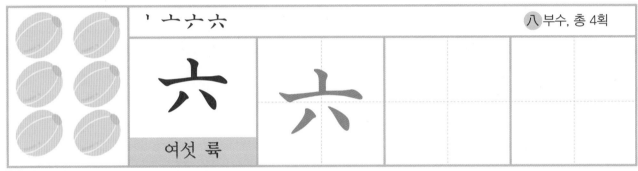

六寸(육촌): 사촌의 자녀끼리의 촌수.

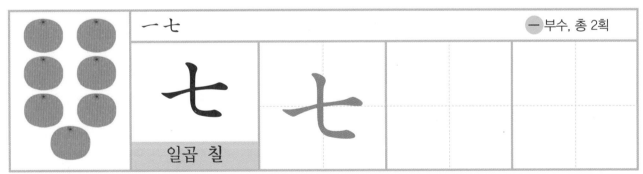

七夕(칠석): 음력 칠월 이렛날의 밤. 일 년에 한 번 견우와 직녀가 만나는 날.

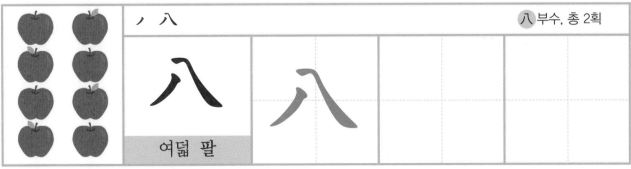

八道(팔도): 우리나라 전체를 이르는 말.

九十萬年 알기

한자의 뜻과 음을 읽어 보고, 빈칸에 알맞은 답을 쓰세요.

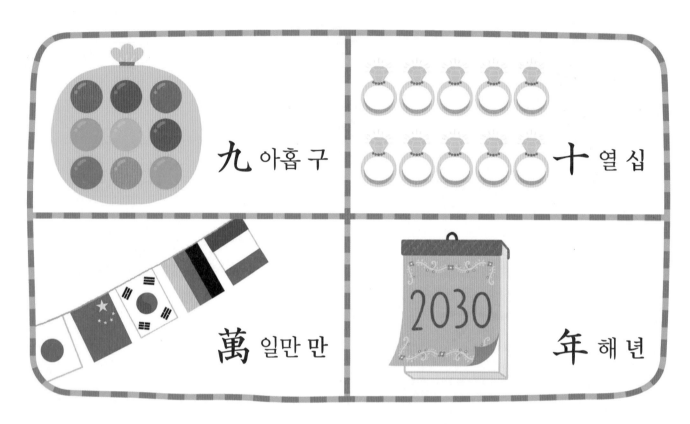

九 는 (아홉)이라는 뜻이고, (구)라고 읽습니다.

十 은 (   )이라는 뜻이고, (   )이라고 읽습니다.

萬 은 (   )이라는 뜻이고, (   )이라고 읽습니다.

年 은 (   )라는 뜻이고, (   )이라고 읽습니다.

九十萬年 익히기

뜻과 음을 보고 알맞은 한자를 찾아 길을 따라 가세요.

九十萬年 쓰기

8급 ❶

순서에 맞게 한자를 쓰세요.

ノ九			乙 부수, 총 2획
九 아홉 구	九		

九月(구월): 한 해 열두 달 가운데 아홉째 달.

一十			十 부수, 총 2획
十 열 십	十		

十中八九(십중팔구): 열 가운데 여덟이나 아홉. 예외 없이 모두 그러함.

ノ 十 ナ 艹 芍 芍 芦 节 莒 萬 萬 萬			艹 부수, 총 13획
萬 일만 만	萬		

萬國旗(만국기): 세계 여러 나라의 국기.

ノ ヒ ヒ ゲ 午 年			干 부수, 총 6획
年 해 년	年		

生年月日(생년월일): 태어난 해와 달과 날.

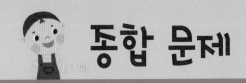

한자를 보고 알맞은 숫자를 찾아 선으로 잇고 빈칸에 뜻과 음을 쓰세요.

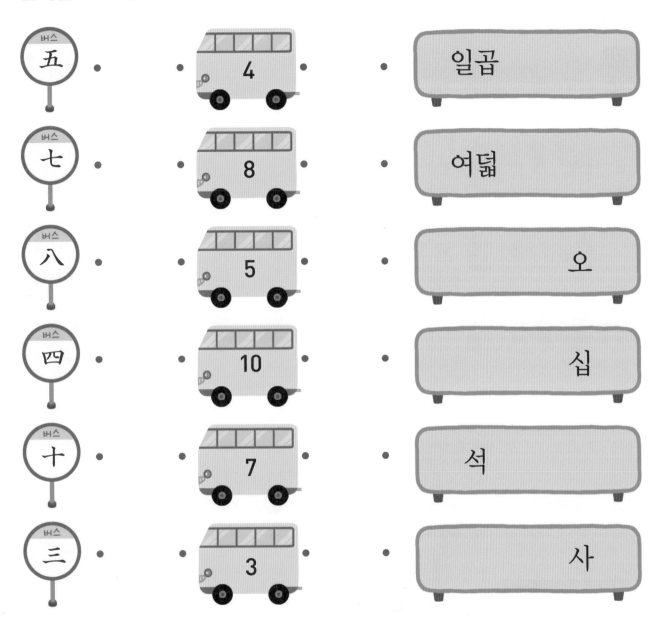

〈보기〉와 같이 빈칸에 한자의 뜻과 음을 쓰세요.

보기 一 ➡ 한 일

五 ➡ [　　　]　　八 ➡ [　　　]

萬 ➡ [　　　]　　年 ➡ [　　　]

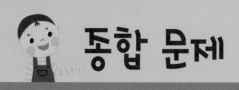

종합 문제

보기와 같이 한자를 보고 알맞은 날짜를 찾아 선으로 이으세요.

보기
十二월 十四일 •——————————

七월 八일 •

五월 四일 •

一월 九일 •

二월 六일 •

• 1월 9일

• 5월 4일

• 12월 14일

• 2월 6일

• 7월 8일

다음 그림에 공통으로 들어가는 한자를 찾아 ○표 하세요.

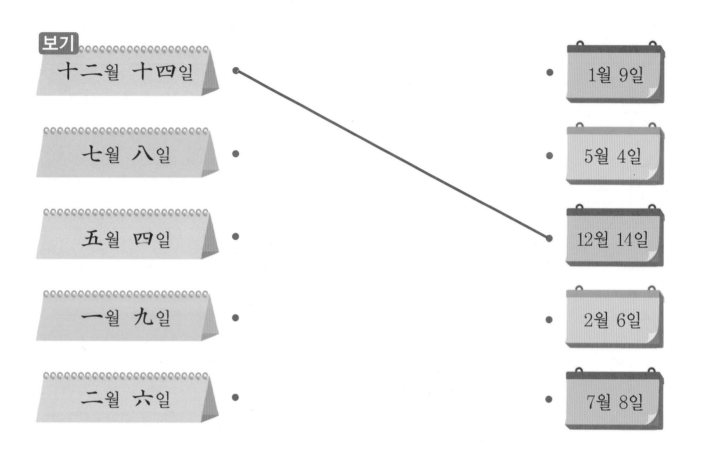

萬　四

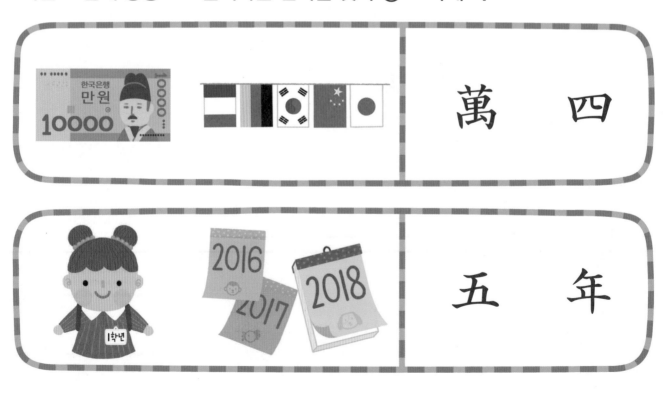

五　年

16

父母兄弟 알기

한자의 뜻과 음을 읽어 보고, 빈칸에 알맞은 답을 쓰세요.

父 아버지 부   母   弟   兄 형 형
어머니 모   동생 제

父 는 (아버지)라는 뜻이고, (부)라고 읽습니다.

母 는 (   )라는 뜻이고, (   )라고 읽습니다.

兄 은 (   )이라는 뜻이고, (   )이라고 읽습니다.

弟 는 (   )이라는 뜻이고, (   )라고 읽습니다.

17

父母兄弟 익히기

과일에 써 있는 한자를 보고, 알맞은 뜻과 음이 적혀 있는 접시를
찾아 선으로 이으세요.

어머니 모

아버지 부

弟

父

母

兄

동생 제

형 형

18

父母兄弟 쓰기

순서에 맞게 한자를 쓰세요.

ㄱ ㅅ ㅆ 父 　　　　　　　　　　　　　　　　　　父 부수, 총 4획

父　父

아버지 부

父子(부자): 아버지와 아들.

ㄴ ㄱ ㄱ 母 母 　　　　　　　　　　　　　　　　　母 부수, 총 5획

母　母

어머니 모

父母(부모): 아버지와 어머니.

ㅣ ㅁ ㅁ ㅂ 兄 　　　　　　　　　　　　　　　　　儿 부수, 총 5획

兄　兄

형 형

學父兄(학부형): 학생의 아버지와 형.

ㄱ ㅅ ㅆ ㅢ ㅢ 弟 弟 　　　　　　　　　　　　　　弓 부수, 총 7획

弟　弟

동생 제

兄弟(형제): 형과 동생.

19

月火水木 알기

한자의 뜻과 음을 읽어 보고, 빈칸에 알맞은 답을 쓰세요.

月 달월

木 나무목

火 불화

水 물수

月 은 (달)이라는 뜻이고, (월)이라고 읽습니다.

火 는 (   )이라는 뜻이고, (   )라고 읽습니다.

水 는 (   )이라는 뜻이고, (   )라고 읽습니다.

木 은 (   )라는 뜻이고, (   )이라고 읽습니다.

月火水木 익히기

8급 ❶

보기와 같이 한자에 알맞은 뜻과 음을 찾아 하나로 묶어 주세요.

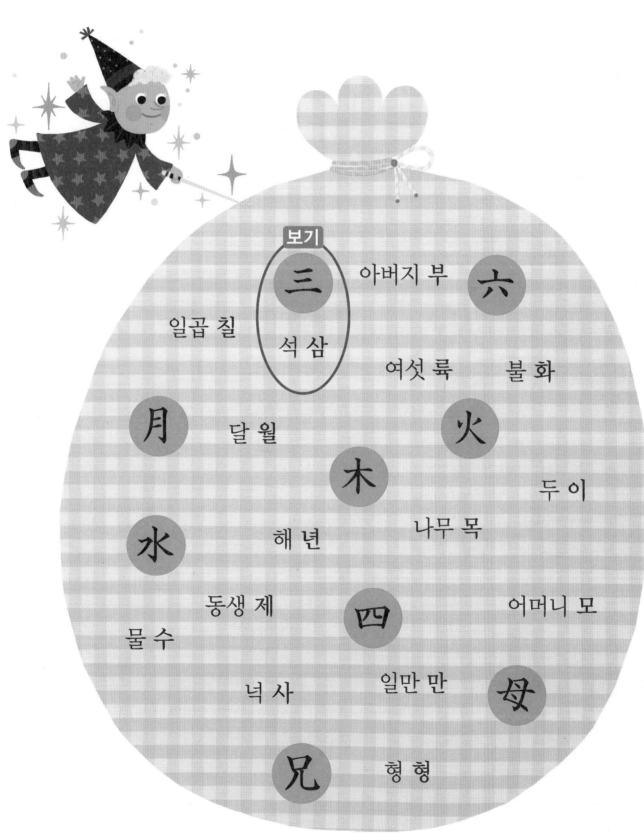

보기

三 석 삼

아버지 부

六

일곱 칠

여섯 륙   불 화

月   달 월   火

木

두 이

나무 목

水   해 년

동생 제   四   어머니 모

물 수

넉 사   일만 만   母

兄   형 형

21

月火水木 쓰기

순서에 맞게 한자를 쓰세요.

ノ 刀 月 月			月 부수, 총 4획
月 달 월	月		

日月(일월): 해와 달.

·ソソ火			火 부수, 총 4획
火 불 화	火		

火山(화산): 땅 속의 용암이 밖으로 뿜어져 나온 곳이나, 뿜어져 나온 것들이 쌓여 이루어진 산.

ノ 刀 氺 水			水 부수, 총 4획
水 물 수	水		

水道(수도): 음료수 등으로 쓰기 위한 물을 받아 쓸 수 있게 하는 시설.

一 十 才 木			木 부수, 총 4획
木 나무 목	木		

植木日(식목일): 4월 5일. 나무를 심고 가꾸는 날.

金土日山 알기

한자의 뜻과 음을 읽어 보고, 빈칸에 알맞은 답을 쓰세요.

日 날 일

山 메 산

金 쇠 금

土 흙 토

金은 (쇠)라는 뜻이고, (금)이라고 읽습니다.

土는 (   )이라는 뜻이고, (   )라고 읽습니다.

日은 (   )이라는 뜻이고, (   )이라고 읽습니다.

山는 (   )라는 뜻이고, (   )이라고 읽습니다.

'山 메 산'의 '메'는 산을 뜻하는 옛말이며, '金 쇠 금'은 '성씨 김'으로도 읽힙니다. 　23

金土日山 익히기

보기 의 한자를 찾아 알맞은 색으로 칠하세요.

보기   金 🌑   土 ☁   日 🌑   山 ☁

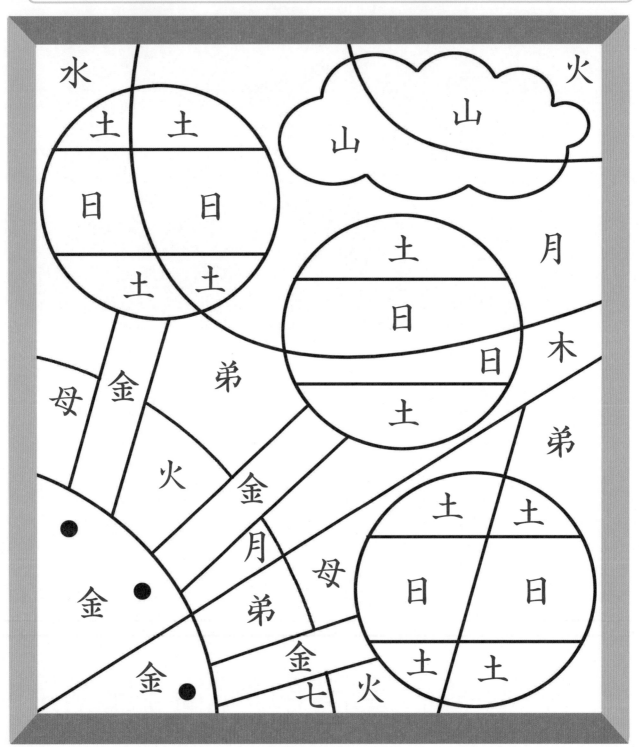

金土日山 쓰기

순서에 맞게 한자를 쓰세요.

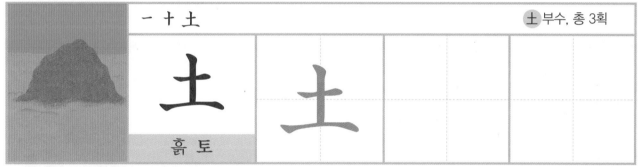

ノ 人 ∧ 仒 仐 仐 全 金　　　　金 부수, 총 8획

金	金		
쇠 금			

白金(백금): 은백색의 금속 원소.

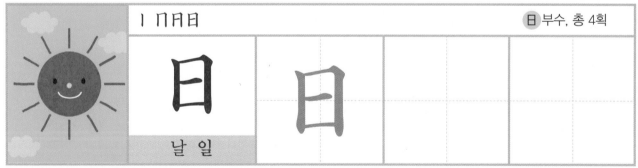

一 十 土　　　　土 부수, 총 3획

土	土		
흙 토			

土地(토지): 사람의 생활과 활동에 이용하는 땅.

一 冂 冃 日　　　　日 부수, 총 4획

日	日		
날 일			

日記(일기): 그날 그날 겪은 일이나 생각, 느낌 등을 적은 개인의 기록.

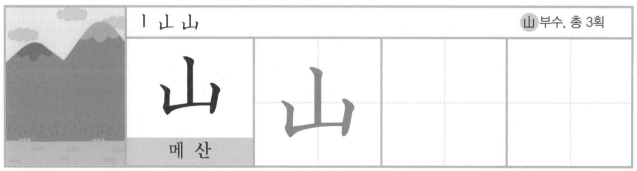

丨 山 山　　　　山 부수, 총 3획

山	山		
메 산			

山水(산수): 산과 물.

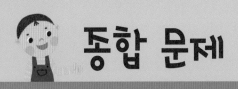

한자를 보고 알맞은 음을 빈칸에 쓰세요.

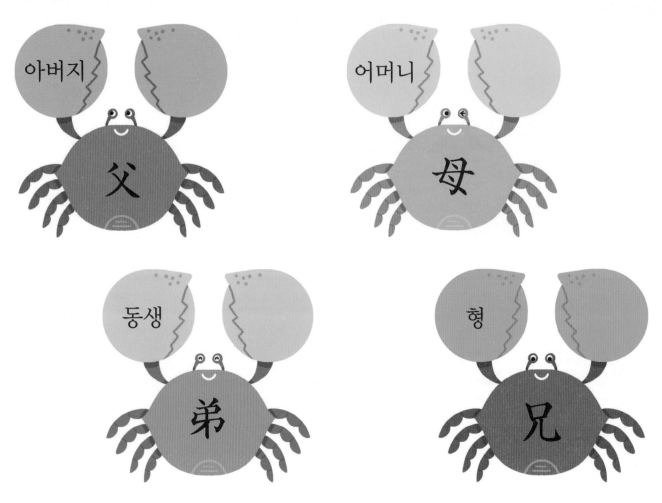

빈칸에 들어갈 요일을 보기 에서 찾아 번호를 쓰세요.

보기 ❶ 土   ❷ 火   ❸ 木   ❹ 月   ❺ 水   ❻ 金

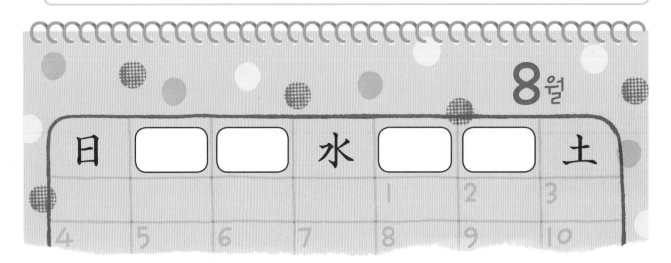

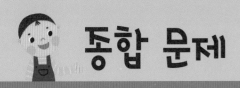 # 종합 문제

그림과 낱말을 보고, 빈칸에 알맞은 한자의 음을 쓰세요.

水 道

	도

火 山

	산

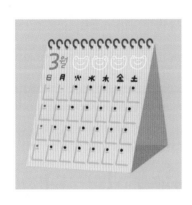

三 月

	월

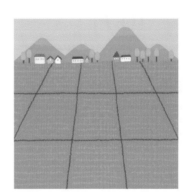

土 地

	지

그림에 알맞은 한자를 보기 에서 찾아 빈칸에 번호를 쓰세요.

보기 ❶ 兄弟 ❷ 父母

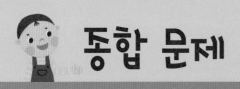

종합 문제

빈칸에 한자의 음을 써넣어 문장을 완성하세요.

오늘은 金□요일, 내일은 土□요일.

10月□1日□은 국군의 날.

다음에 알맞은 한자를 보기에서 찾아 쓰세요.

보기 兄 弟 一 父 母 木 月 水 火 日

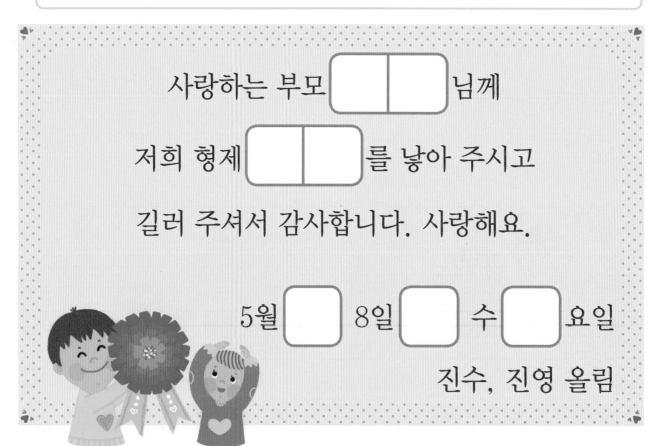

사랑하는 부모□□님께

저희 형제□□를 낳아 주시고

길러 주셔서 감사합니다. 사랑해요.

5월□8일□수□요일

진수, 진영 올림

28

8급 ❷

크기와 방향 등을 나타내는
한자를 읽고 쓸 수 있습니다.

學校教室 알기

한자의 뜻과 음을 읽어 보고, 빈칸에 알맞은 답을 쓰세요.

校 학교 교

室 집 실

學 배울 학

教 가르칠 교

學은 (배우다)라는 뜻이고, (학)이라고 읽습니다.

校는 (   )라는 뜻이고, (   )라고 읽습니다.

教는 (   )라는 뜻이고, (   )라고 읽습니다.

室은 (   )이라는 뜻이고, (   )이라고 읽습니다.

學校教室 익히기

한자를 보고 알맞은 뜻과 음을 따라 가서 잃어버린 가방을 찾으세요.

學校教室 쓰기

순서에 맞게 한자를 쓰세요.

ʻ ʻ ʼ ʼ ʼ ʼ ʼ ʼ 臼 臼 闪 闪 艸 艸 舆 與 學 學 學		子 부수, 총 16획

學 배울 학	學		

學生(학생): 학교에서 공부하는 사람.

ˉ 十 才 才 木 木ʼ 朾 栌 栌 枋 校		木 부수, 총 10획

校 학교 교	校		

校長(교장): 대학이나 학원을 제외한 각급 학교의 최고 직위.

ノ メ 二 乡 夅 寿 耂 教 教 教 教		攵 부수, 총 11획

敎 가르칠 교	敎		

敎育(교육): 지식과 기술 등을 가르치며 인격을 길러 줌.

ʻ ʼ 宀 宀 宓 宏 宓 室 室		宀 부수, 총 9획

室 집 실	室		

教室(교실): 초등학교, 중·고등학교에서 학습 활동이 이루어지는 방.

靑白先生 알기

8급 ❷

한자의 뜻과 음을 읽어 보고, 빈칸에 알맞은 답을 쓰세요.

靑은 (푸르다)라는 뜻이고, (청)이라고 읽습니다.

白은 (   )라는 뜻이고, (   )이라고 읽습니다.

先은 (   )라는 뜻이고, (   )이라고 읽습니다.

生은 (   )라는 뜻이고, (   )이라고 읽습니다.

'生'에는 '나다(태어나다)'와 '낳다'의 뜻이 있음을 알려 주세요.   33

靑白先生 익히기

8급 ❷

자동차가 힘차게 달릴 수 있도록 한자의 알맞은 음을 쓰세요.

34

靑白先生 쓰기

순서에 맞게 한자를 쓰세요.

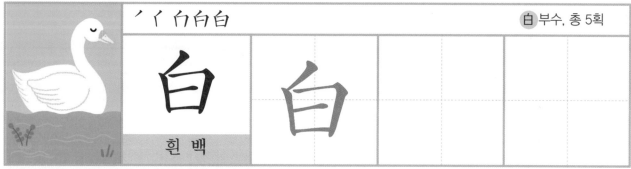

一 二 丰 主 丰 青 青 青　　　　青 부수, 총 8획

靑
푸를 청

靑(청해): 푸른 바다.

丿 亻 白 白 白　　　　白 부수, 총 5획

白
흰 백

白鳥(백조): 몸빛 전체가 흰색인 오릿과의 물새.

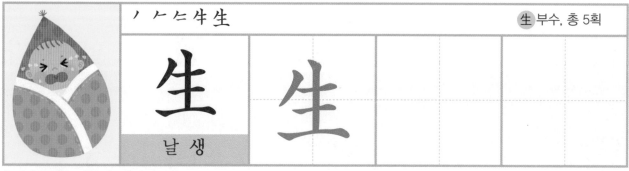

丿 亠 牛 生 牛 先　　　　儿 부수, 총 6획

先
먼저 선

先頭(선두): 첫머리. 맨 앞.

丿 亠 仁 牛 生　　　　生 부수, 총 5획

生
날 생

生日(생일): 세상에 태어난 날.

大韓民國 알기

한자의 뜻과 음을 읽어 보고, 빈칸에 알맞은 답을 쓰세요.

大 큰 대	韓 나라이름 한
民 백성 민	國 나라 국

大 는 (크다)라는 뜻이고, (대)라고 읽습니다.

韓 은 (   )이라는 뜻이고, (   )이라고 읽습니다.

民 은 (   )이라는 뜻이고, (   )이라고 읽습니다.

國 은 (   )라는 뜻이고, (   )이라고 읽습니다.

大韓民國 익히기

보기의 한자를 찾아 알맞은 색으로 칠하세요.

보기   大 ⬛   韓 ⬛   民 ⬛   國 ⬛

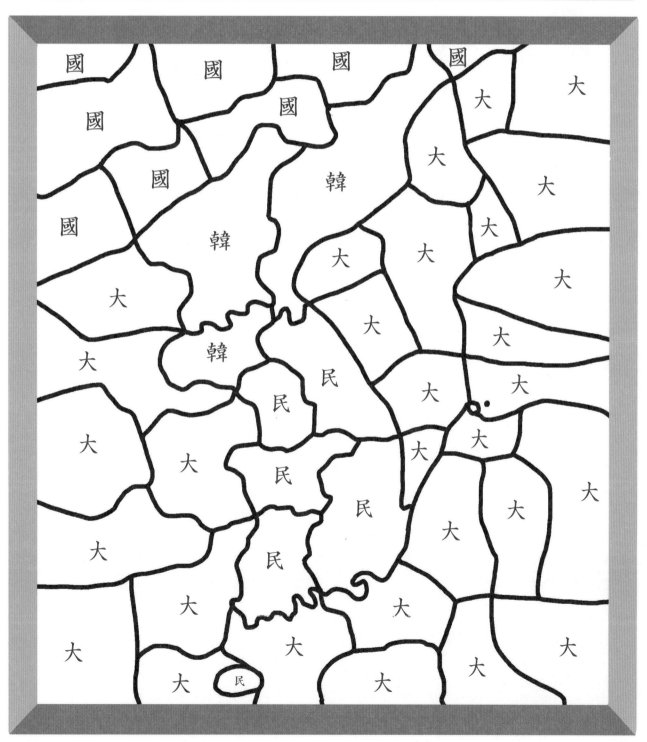

8급 ❷

大韓民國 쓰기

순서에 맞게 한자를 쓰세요.

一 ナ 大 — 大 부수, 총 3획

大 큰 대 — 大

大門(대문): 큰 문.

一 十 𠃋 古 古 吉 查 卓 卓' 卓'' 韓 韓 韓 韓 韓 韓 韓 — 韋 부수, 총 17획

韓 나라이름 한 — 韓

韓服(한복): 우리나라 고유의 옷.

フ コ 尸 尸 民 — 氏 부수, 총 5획

民 백성 민 — 民

國民(국민): 국가를 구성하는 사람. 그 나라 국적을 가진 사람.

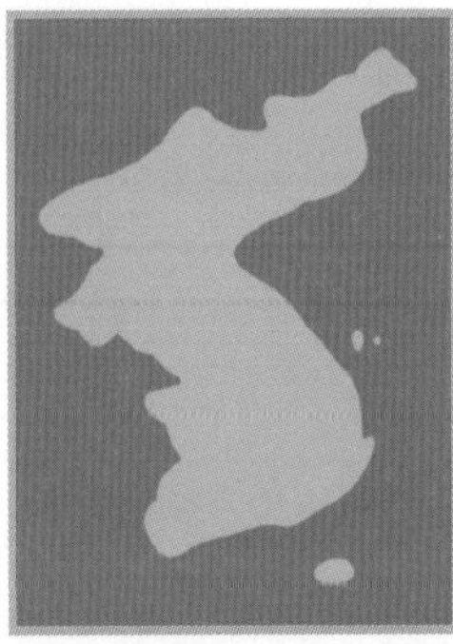

丨 冂 冂 冂 冂 冂 冂 國 國 國 國 — 口 부수, 총 11획

國 나라 국 — 國

國土(국토): 한 나라의 땅.

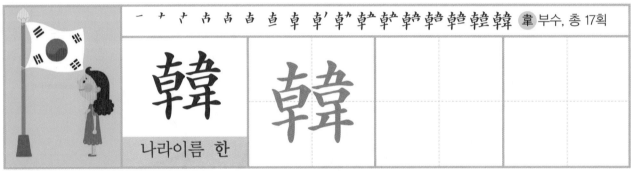

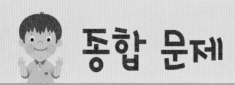

종합 문제

'대한민국' 한자를 따라 우리나라까지 길을 찾아주세요.

그림에 알맞은 한자와 음을 찾아 선으로 이으세요.

 • · 先生님 • · 교실

 • · 學校 • · 선생님

 • · 敎室 • · 학교

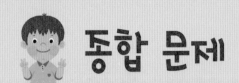
다음 한자 카드들 중에서 연관 있는 한자 카드끼리 묶어 써 보세요.

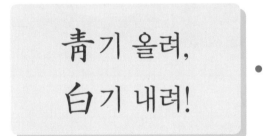

韓　父　靑

白　國　兄

가족: ☐ ☐

색깔: ☐ ☐

나라: ☐ ☐

靑기, 白기 놀이를 해요. 알맞은 그림에 선으로 이어 보세요.

靑기 올려,
白기 내려!　·

·

靑기 올리지 마,
白기 올려!　·

·

靑기 내려,
白기 옆으로!　·

·

東西南北 알기

한자의 뜻과 음을 읽어 보고, 빈칸에 알맞은 답을 쓰세요.

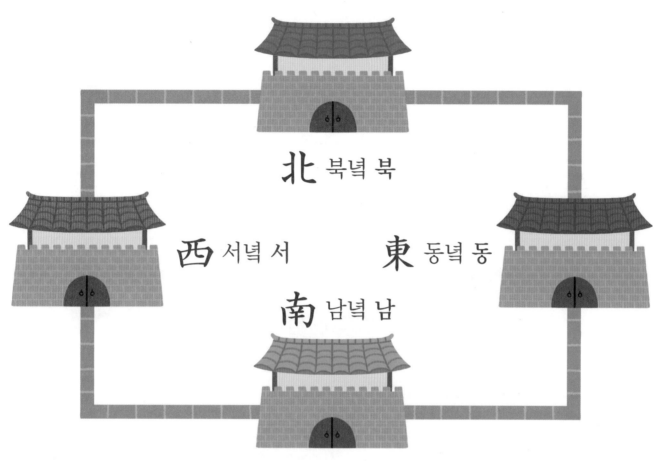

北 북녘 북

西 서녘 서   東 동녘 동

南 남녘 남

東은 (동녘)이라는 뜻이고, (동)이라고 읽습니다.

西는 (   )이라는 뜻이고, (   )라고 읽습니다.

南은 (   )이라는 뜻이고, (   )이라고 읽습니다.

北은 (   )이라는 뜻이고, (   )이라고 읽습니다.

'동녘'의 '녘'은 '쪽'이라는 뜻임을 알려 주세요.   41

東西南北 익히기

보기와 같이 한자에 알맞은 뜻과 음을 찾아 선으로 잇고
○표 하세요.

보기

남녘 남

메 산

동녘 동

南

해 년

북녘 북

東

불 화

서녘 서

큰 대

北

西

東西南北 쓰기

순서에 맞게 한자를 쓰세요.

一 厂 厂 戸 冃 車 東 東　　　　木 부수, 총 8획

東 / 東

동녘 동

東方(동방): 동쪽.

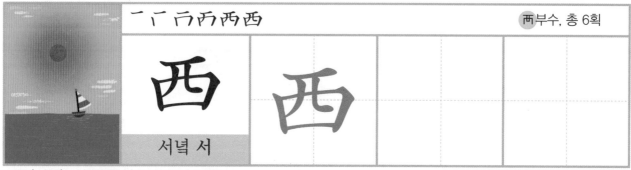

一 厂 冃 丙 西 西　　　　西 부수, 총 6획

西 / 西

서녘 서

西風(서풍): 서쪽에서 불어 오는 바람.

一 十 芇 内 内 南 南 南 南　　　　十 부수, 총 9획

南 / 南

남녘 남

南極(남극): 지구 지축의 남쪽 끝.

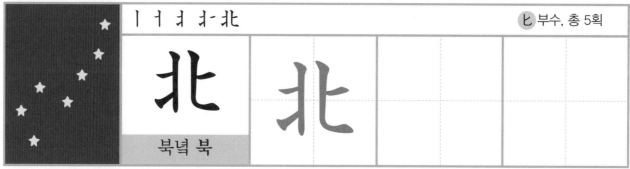

丿 丬 爿 北 北　　　　匕 부수, 총 5획

北 / 北

북녘 북

北斗七星(북두칠성): 큰곰자리에서 국자 모양을 이루며 가장 뚜렷하게 보이는 일곱 개의 별.

女王軍人 알기

한자의 뜻과 음을 읽어 보고, 빈칸에 알맞은 답을 쓰세요.

女는 (여자)라는 뜻이고, (녀)라고 읽습니다.

王은 (   )이라는 뜻이고, (   )이라고 읽습니다.

軍은 (   )라는 뜻이고, (   )이라고 읽습니다.

人은 (   )이라는 뜻이고, (   )이라고 읽습니다.

'女'는 흔히 '계집 녀'로도 읽는다는 것을 알려 주세요.

女王軍人 익히기

8급 ❷

한자를 보고 뜻을 바르게 말한 어린이를 찾아 ○표 하세요.

왕

남자

아버지

여자

군사

백성

마디

사람

女王軍人 쓰기

순서에 맞게 한자를 쓰세요.

ㄑ ㄑ 女			女 부수, 총 3획
女 여자 녀	女		

女人(여인): 어른이 된 여자.

ˉ ˉ 千 王			王 부수, 총 4획
王 임금 왕	王		

國王(국왕): 한 나라를 다스리는 왕.

ˊ ˊ ㄇ ㄇ 몬 믁 몬 亘 軍			車 부수, 총 9획
軍 군사 군	軍		

軍人(군인): 군대의 장교와 사병을 통틀어 이르는 말.

ノ 人			人 부수, 총 2획
人 사람 인	人		

人間(인간): 언어를 가지고 사고할 줄 알고 사회를 이루며 사는 고등 동물.

小中長 알기

한자의 뜻과 음을 읽어 보고, 빈칸에 알맞은 답을 쓰세요.

長 길 장

中 가운데 중

小 작을 소

小는 (작다)라는 뜻이고, (소)라고 읽습니다.

中은 (   )라는 뜻이고, (   )이라고 읽습니다.

長은 (   )라는 뜻이고, (   )이라고 읽습니다.

小中長 익히기

사다리를 타고 내려가서 한자와 뜻이 알맞게 연결된 것을 찾아
○표 하세요.

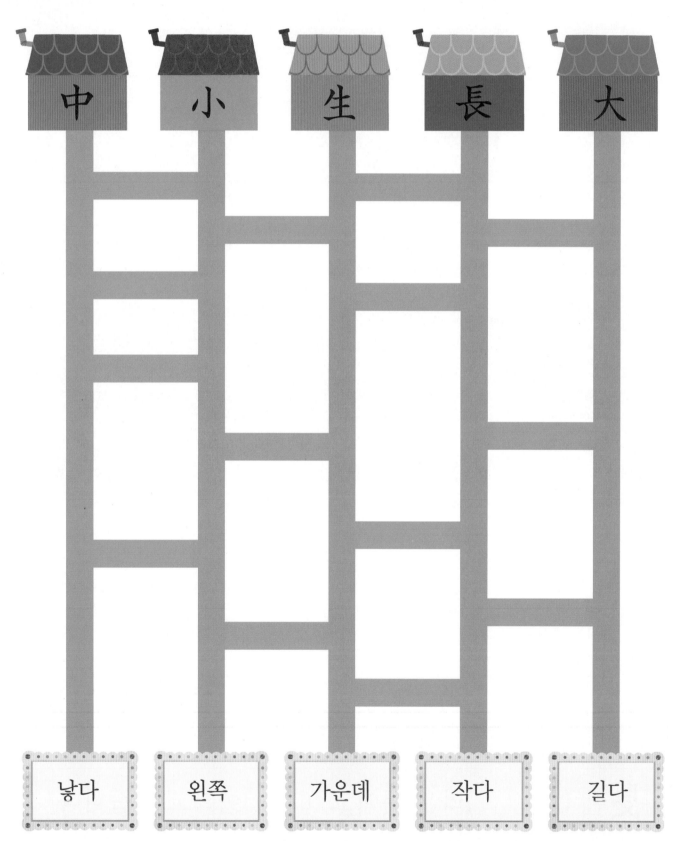

中	小	生	長	大

| 낮다 | 왼쪽 | 가운데 | 작다 | 길다 |

小中長 쓰기

순서에 맞게 한자를 쓰세요.

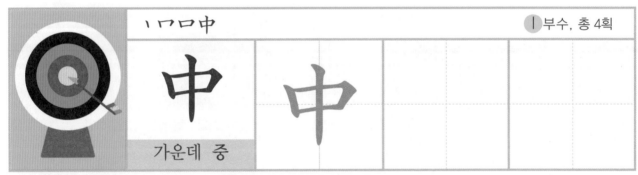

丿小小　　　　　　　　　　　　　　　　　　小 부수, 총 3획

小　小

작을 소

大小(대소): 크고 작음.

丨口口中　　　　　　　　　　　　　　　　丨 부수, 총 4획

中　中

가운데 중

中心(중심): 사물의 한가운데.

丨丨丨丨長長長長　　　　　　　　　　　　長 부수, 총 8획

長　長

길 장

長短(장단): 길고 짧음.

어려운 한자를 여러 번 써 보세요.

外門寸 알기

한자의 뜻과 음을 읽어 보고, 빈칸에 알맞은 답을 쓰세요.

寸 마디 촌

門 문 문

外 바깥 외

外는 (바깥)이라는 뜻이고, (외)라고 읽습니다.

門은 (   )이라는 뜻이고, (   )이라고 읽습니다.

寸은 (   )라는 뜻이고, (   )이라고 읽습니다.

外門寸 익히기

8급 ❷

뜻과 음에 알맞은 한자를 찾아 ○표 하세요.

外門寸 쓰기

쓰는 순서에 맞게 한자를 쓰세요.

ノ ク タ 列 外			夕 부수, 총 5획
外 바깥 외	外		

外出(외출): 볼일을 보러 밖으로 나감.

｜ ｐ ｐ ｐ 門 門 門			門 부수, 총 8획
門 문 문	門		

大門(대문): 집의 정문. 큰 문.

一 寸 寸			寸 부수, 총 3획
寸 마디 촌	寸		

三寸(삼촌): 아버지의 형제. 특히 결혼하지 않은 남자 형제.

어려운 한자를 여러 번 써 보세요.

종합 문제

방향을 나타내는 한자를 모두 찾아 ○표 하세요.

보기 에서 낱말의 공통 한자를 찾아 번호를 쓰세요.

보기 ❶ 女 ❷ 軍 ❸ 國 ❹ 王

여자   여왕   왕관   왕자

한국   국민   해군   군인

그림을 보고 알맞은 한자를 보기 에서 찾아 빈칸에 번호를 쓰세요.

보기   ❶ 外   ❷ 長   ❸ 青   ❹ 白   ❺ 寸   ❻ 門

☐ 국인

☐ 화

남대 ☐

☐ 조

☐ 바지

삼 ☐

크기에 알맞은 한자를 보기 에서 찾아 빈칸에 쓰세요.

보기   大 中 小

7급 ①

계절과 자연 등을 나타내는
한자를 읽고 쓸 수 있습니다.

학습 체크리스트

☐ 口面手足 알기	☐ 老少孝心 쓰기	☐ 天地自然 익히기
☐ 口面手足 익히기	☐ 住食家 알기	☐ 天地自然 쓰기
☐ 口面手足 쓰기	☐ 住食家 익히기	☐ 花草林 알기
☐ 男子祖夫 알기	☐ 住食家 쓰기	☐ 花草林 익히기
☐ 男子祖夫 익히기	☐ 春夏秋冬 알기	☐ 花草林 쓰기
☐ 男子祖夫 쓰기	☐ 春夏秋冬 익히기	☐ 川江海 알기
☐ 老少孝心 알기	☐ 春夏秋冬 쓰기	☐ 川江海 익히기
☐ 老少孝心 익히기	☐ 天地自然 알기	☐ 川江海 쓰기

口面手足 알기

7급 ①한자의 뜻과 음을 읽어 보고, 빈칸에 알맞은 답을 쓰세요.

口는 (입)이라는 뜻이고, (구)라고 읽습니다.

面은 (   )이라는 뜻이고, (   )이라고 읽습니다.

手는 (   )이라는 뜻이고, (   )라고 읽습니다.

足은 (   )이라는 뜻이고, (   )이라고 읽습니다.

口面手足 익히기

한자의 뜻과 음이 알맞게 연결된 애벌레를 모두 찾아 ○표 하세요.

7급 ❶

口面手足 쓰기

순서에 맞게 한자를 쓰세요.

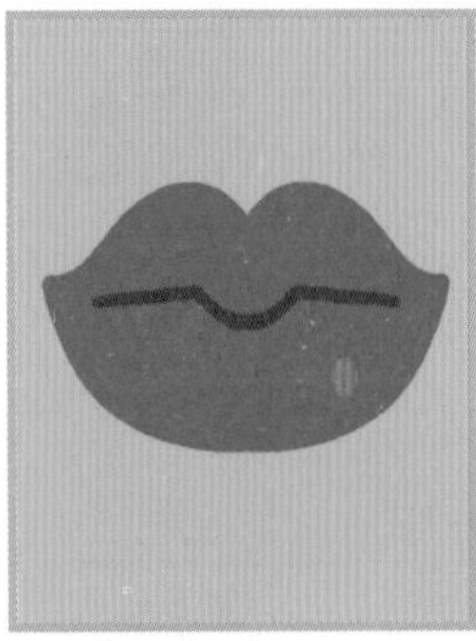

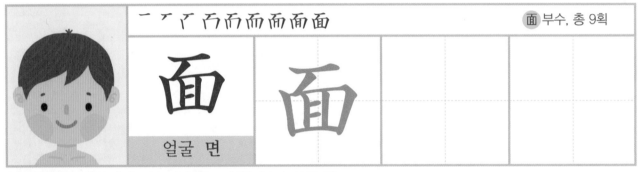

丨 ㄇ 口 — 口 부수, 총 3획

口 입 구

人口(인구): 한 나라 또는 일정 지역 안의 사람 수.

一 丆 丆 丙 而 而 而 面 面 — 面 부수, 총 9획

面 얼굴 면

假面(가면): 사람이나 짐승의 얼굴 모양을 본떠 만든 것.

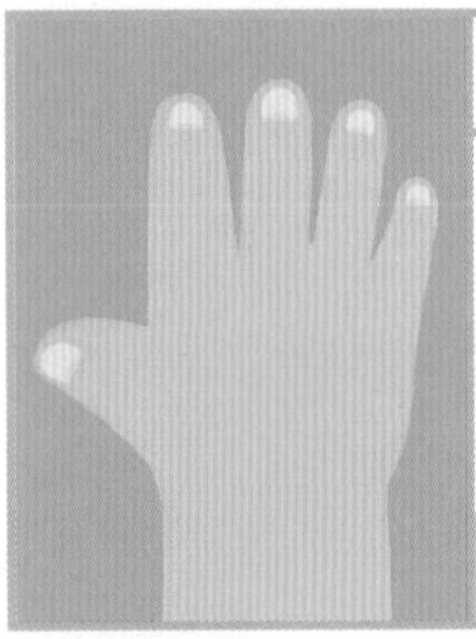

一 二 三 手 — 手 부수, 총 4획

手 손 수

手足(수족): 손과 발.

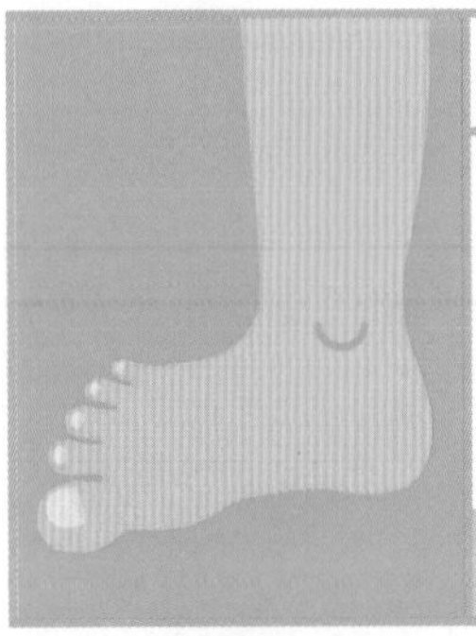

丨 ㄇ 口 口 早 𧾷 足 — 足 부수, 총 7획

足 발 족

足球(족구): 발야구.

男子祖夫 알기

7급 ❶

한자의 뜻과 음을 읽어 보고, 빈칸에 알맞은 답을 쓰세요.

祖 조상 조   夫 남편 부

子 아들 자

男 남자 남

男은 (남자)라는 뜻이고, (남)이라고 읽습니다.

子는 (   )이라는 뜻이고, (   )라고 읽습니다.

祖는 (   )이라는 뜻이고, (   )라고 읽습니다.

夫는 (   )라는 뜻이고, (   )라고 읽습니다.

'男'은 흔히 '사내 남', '夫'는 흔히 '지아비 부'로도 쓴다는 것을 알려 주세요.   59

男子祖夫 익히기

한자와 음이 바르게 짝지어진 곳을 따라 보물을 찾아가세요.

男子祖夫 쓰기

순서에 맞게 한자를 쓰세요.

ノ ロ ロ ロ 田 甲 男			田 부수, 총 7획
男 남자 남	男		

男子(남자): 남성으로 태어난 사람.

了 了 子			子 부수, 총 3획
子 아들 자	子		

子女(자녀): 아들과 딸.

一 亍 千 示 衤 礻 祀 袓 祖 祖			示 부수, 총 10획
祖 조상 조	祖		

祖上(조상): 돌아가신 부모 이상의 대대의 어른.

一 二 夫 夫			大 부수, 총 4획
夫 남편 부	夫		

夫婦(부부): 남편과 아내.

老少孝心 알기

한자의 뜻과 음을 읽어 보고, 빈칸에 알맞은 답을 쓰세요.

老는 (늙다)라는 뜻이고, (로)라고 읽습니다.

少는 (   )라는 뜻이고, (   )라고 읽습니다.

孝는 (   )라는 뜻이고, (   )라고 읽습니다.

心은 (   )이라는 뜻이고, (   )이라고 읽습니다.

62   '少'는 '젊다'는 뜻 외에도 '적다'는 뜻이 있다는 것을 알려 주세요.

老少孝心 익히기

그림과 한자가 바르게 짝지어진 것을 찾아 빈칸에 ○표 하세요.

面

老

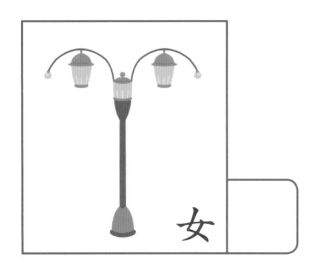

女

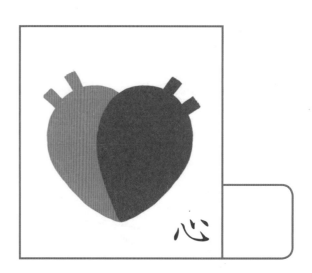

心

孝

祖

老少孝心 쓰기

순서에 맞게 한자를 쓰세요.

一 十 土 耂 耂 老　　　　　　　　老 부수, 총 6획

老
늙을 로

老人(노인): 나이가 들어 늙은 사람.

亅 亅 小 少　　　　　　　　小 부수, 총 4획

少
젊을/적을 소

多少(다소): 많고 적음, 조금.

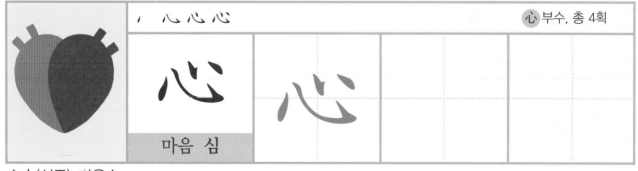

一 十 土 耂 耂 考 孝　　　　　　　　子 부수, 총 7획

孝
효도 효

孝道(효도): 부모를 정성껏 잘 섬기는 일과 그 도리.

丿 心 心 心　　　　　　　　心 부수, 총 4획

心
마음 심

心中(심중): 마음속.

住食家 알기

7급 ❶

한자의 뜻과 음을 읽어 보고, 빈칸에 알맞은 답을 쓰세요.

住는 (살다)라는 뜻이고, (주)라고 읽습니다.

食은 (   )이라는 뜻이고, (   )이라고 읽습니다.

家는 (   )이라는 뜻이고, (   )라고 읽습니다.

65

住食家 익히기

보기와 같이 밑줄 친 낱말에 알맞은 한자를 찾아 선으로 이으세요.

보기 나는 여자야.

너는 어디에 사니?

우리 집에 놀러 와.

우리 밥 먹자.

家

食

女

住

住食家 쓰기

7급 ①

순서에 맞게 한자를 쓰세요.

ノ 亻 亻 亽 住 住 住　　　　　　　　　　亻 부수, 총 7획

住	住		
살 주			

住民(주민): 일정한 지역에 사는 사람.

ノ 人 스 今 今 今 食 食 食　　　　　　　　食 부수, 총 9획

食	食		
밥 식			

食事(식사): 끼니로 음식을 먹는 일. 또는 그 음식.

丶 丶 宀 宁 宇 宇 宇 家 家 家　　　　　　宀 부수, 총 10획

家	家		
집 가			

家門(가문): 가족 또는 가까운 일가로 이루어진 공동체.

어려운 한자를 여러 번 써 보세요.

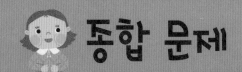

한자를 보고 알맞은 뜻과 음을 찾아 선으로 이으세요.

口　　　住　　　孝　　　祖

살 주　　효도 효　　조상 조　　입 구

한자에 알맞은 뜻과 그림을 찾아 선으로 이으세요.

男子

孝心

手足

손과 발

남자

효도하는 마음

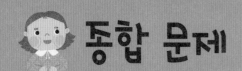

한자를 바르게 읽은 것을 찾아 ○표 하세요.

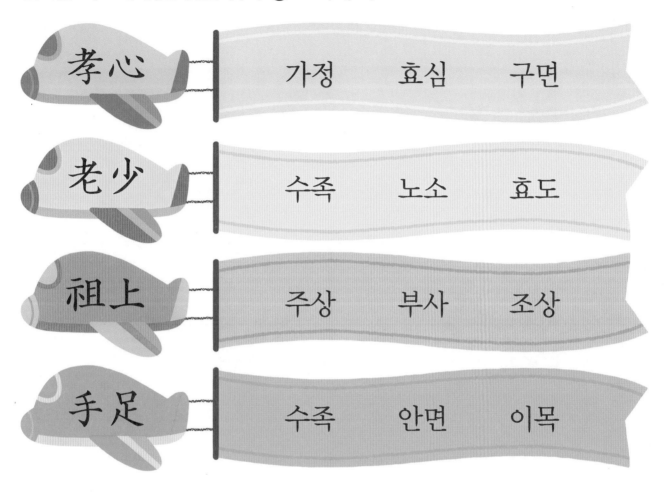

孝心   가정   효심   구면

老少   수족   노소   효도

祖上   주상   부사   조상

手足   수족   안면   이목

그림에 알맞은 한자를 보기 에서 찾아 번호를 쓰세요.

보기   ❶ 口   ❷ 食   ❸ 祖   ❹ 家

春夏秋冬 알기

한자의 뜻과 음을 읽어 보고, 빈칸에 알맞은 답을 쓰세요.

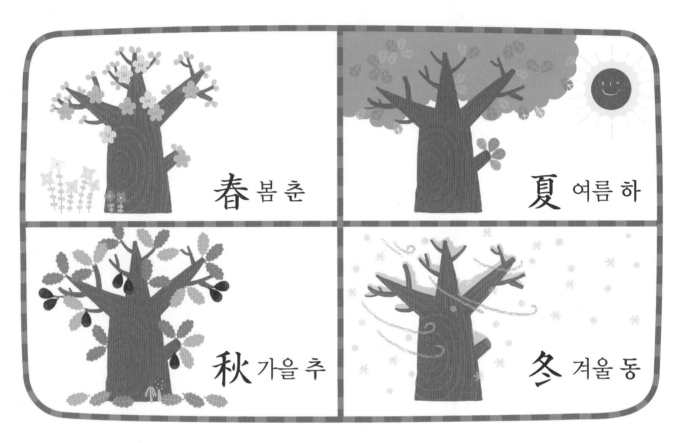

春 봄 춘

夏 여름 하

秋 가을 추

冬 겨울 동

春은 (봄)이라는 뜻이고, (춘)이라고 읽습니다.

夏는 (   )이라는 뜻이고, (   )라고 읽습니다.

秋는 (   )이라는 뜻이고, (   )라고 읽습니다.

冬은 (   )이라는 뜻이고, (   )이라고 읽습니다.

春夏秋冬 익히기

7급 ❶곰과 토끼가 좋아하는 계절이 적힌 물고기를 모두 찾아
선으로 잇고 색칠하세요.

春夏秋多 쓰기

7급 ❶

순서에 맞게 한자를 쓰세요.

一 二 三 声 夫 夫 春 春 春			日 부수, 총 9획
春 봄 춘	春		

春秋(춘추): 봄과 가을. 또는 어른의 나이를 높여 이르는 말.

一 二 了 矛 禾 禾 百 頁 夏 夏			夂 부수, 총 10획
夏 여름 하	夏		

立夏(입하): 여름이 시작되는 날.

一 二 千 手 禾 禾 禾 秋 秋			禾 부수, 총 9획
秋 가을 추	秋		

秋夕(추석): 한가위. 음력 팔월 보름날.

ノ ク 久 冬 冬			冫 부수, 총 5획
冬 겨울 동	冬		

冬眠(동면): 겨울잠.

72

天地自然 알기

한자의 뜻과 음을 읽어 보고, 빈칸에 알맞은 답을 쓰세요.

天은 (하늘)이라는 뜻이고, (천)이라고 읽습니다.

地는 (   )이라는 뜻이고, (   )라고 읽습니다.

自는 (   )라는 뜻이고, (   )라고 읽습니다.

然은 (   )라는 뜻이고, (   )이라고 읽습니다.

'然'은 '그러하다', '당연하다'라는 뜻이 있음을 알려 주세요.   73

天地自然 익히기

한자와 음이 바르게 짝지어진 것을 따라 집을 찾아가세요.

心심　學학　長장　門문

　　　小소　　　　　寸식

地토　　　　　天천　　自백

　　　金화

　　　　年우　　　　父부

食주　　　　　先선

　　　然연

天地自然 쓰기

순서에 맞게 한자를 쓰세요.

一 二 干 天 · 大 부수, 총 4획

天 | 天 | |

하늘 천

天國(천국): 하느님이 있다는 하늘의 이상적인 세계.

一 十 土 圤 圳 地 · 土 부수, 총 6획

地 | 地 | |

땅 지

地球(지구): 인류가 살고 있는 천체.

′ 亻 户 自 自 自 · 自 부수, 총 6획

自 | 自 | |

스스로 자

自身(자신): 자신의 값어치나 능력을 믿음. 또는 그런 마음.

당연해

′ ク タ タ 夕 夗 狀 妖 狀 然 然 然 · · · · · · ∴ 부수, 총 12획

然 | 然 | |

그럴 연

自然(자연): 사람의 손길이 가지 않고 스스로 존재하거나 일어나는 현상.

花草林 알기

한자의 뜻과 음을 읽어 보고, 빈칸에 알맞은 답을 쓰세요.

草 풀 초

林
수풀 림

花 꽃 화

花는 (꽃)이라는 뜻이고, (화)라고 읽습니다.

草는 (   )이라는 뜻이고, (   )라고 읽습니다.

林은 (   )이라는 뜻이고, (   )이라고 읽습니다.

花草林 익히기

사다리를 타고 내려가서 한자의 뜻과 음이 바르게 연결된 것을 찾아
○표 하세요.

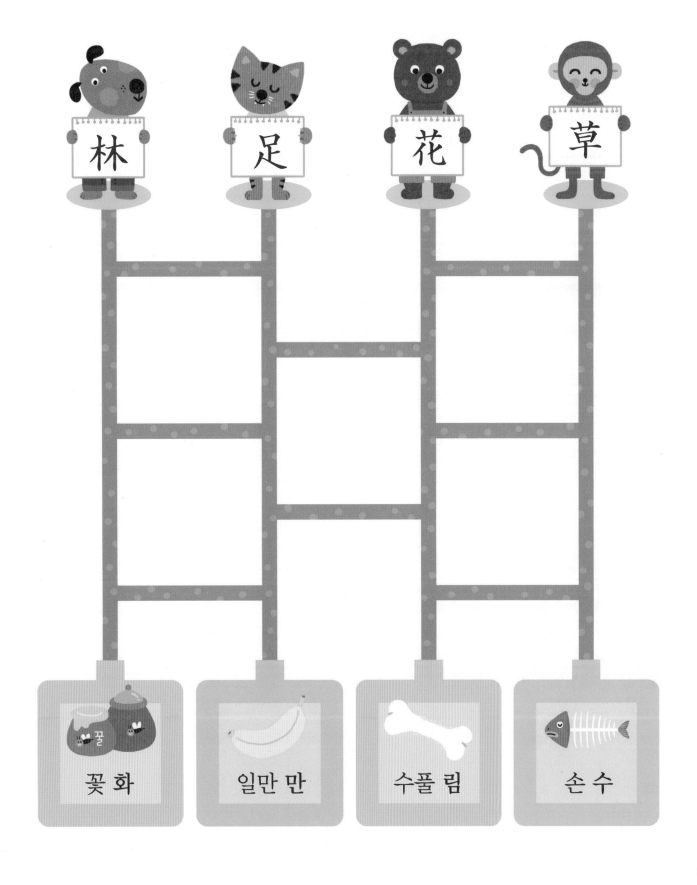

林　　足　　花　　草

꽃 화　　일만 만　　수풀 림　　손 수

花草林 쓰기

쓰는 순서에 맞게 한자를 쓰세요.

㇒ ㇏ ㇗ ㅶ ㅳ 花 花 花			艹 부수, 총 8획
花 꽃 화	花		

國花(국화): 한 나라를 상징하는 꽃.

㇒ ㇏ ㇗ ㅶ ㅳ ㅳ ㅸ ㅸ 草			艹 부수, 총 10획
草 풀 초	草		

草木(초목): 풀과 나무.

一 十 ㇉ 木 ㅊ 村 材 林			木 부수, 총 8획
林 수풀 림	林		

山林(산림): 산과 숲.

어려운 한자를 여러 번 써 보세요.

川江海 알기

한자의 뜻과 음을 읽어 보고, 빈칸에 알맞은 답을 쓰세요.

川은 (시내)라는 뜻이고, (천)이라고 읽습니다.

江은 (   )이라는 뜻이고, (   )이라고 읽습니다.

海는 (   )라는 뜻이고, (   )라고 읽습니다.

川江海 익히기

뜻과 음을 보고 알맞은 한자에 ○표 하세요.

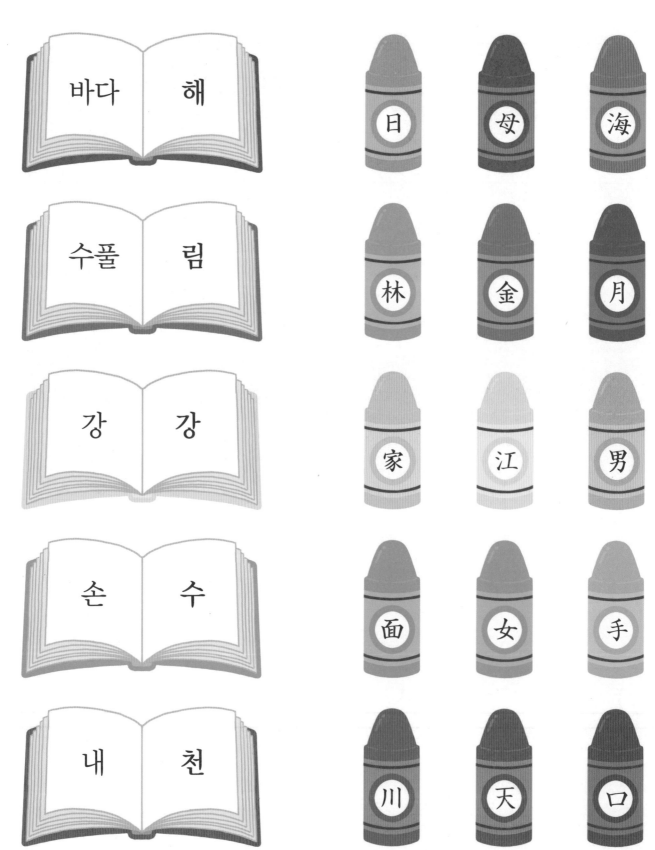

바다 해	日	母	海
수풀 림	林	金	月
강 강	家	江	男
손 수	面	女	手
내 천	川	天	口

川江海 쓰기

쓰는 순서에 맞게 한자를 쓰세요.

丿 丿丿 川   川 부수, 총 3획

川	川		
내 천			

下川(하천): 강과 시내를 아울러 이르는 말.

丶 丶 氵 氵 汀 江 江   氵 부수, 총 6획

江	江		
강 강			

漢江(한강): 우리나라 중부를 흐르는 강.

丶 丶 氵 氵 汁 汢 海 海 海 海   氵 부수, 총 6획

海	海		
바다 해			

海水(해수): 바닷물.

어려운 한자를 여러 번 써 보세요.

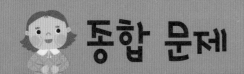

그림과 낱말을 보고 보기에서 알맞은 한자를 찾아 빈칸에 번호를 쓰세요.

보기 ❶ 林木 ❷ 花草 ❸ 天地 ❹ 自然

화초 ☐   임목 ☐   자연 ☐   천지 ☐

봄, 여름, 가을, 겨울을 나타내는 한자가 각각 몇 개인지 세어 보고,
빈칸에 알맞은 개수를 쓰세요.

춘 ☐
하 ☐
추 ☐
동 ☐

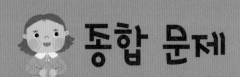

한자에 알맞은 뜻과 음을 찾아 ○표 하세요.

花	꽃 화	백성 민	남자 남
江	바다 해	내 천	강 강
秋	겨울 동	가을 추	하늘 천
天	하늘 천	내 천	땅 지
自	여자 녀	스스로 자	나라 국

한자를 보고 알맞은 뜻을 찾아 선으로 이으세요.

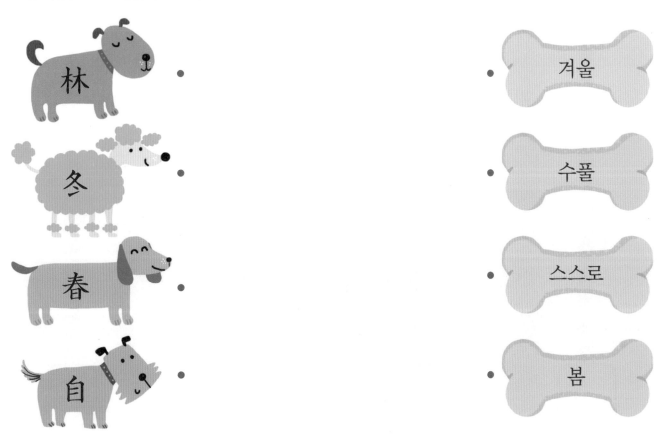

林 ·   · 겨울

冬 ·   · 수풀

春 ·   · 스스로

自 ·   · 봄

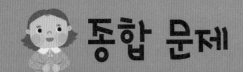

사다리를 타고 내려가 도착하는 빈칸에 아이가 좋아하는 계절 한자를 쓰세요.

보기   春 夏 秋 冬

난 봄이 좋아!   난 가을이 좋아!   난 겨울이 좋아!   난 여름이 좋아!

84

7급 ②

행동과 반대말 등을 나타내는
한자를 읽고 쓸 수 있습니다.

姓名車主 알기

한자의 뜻과 음을 읽어 보고, 빈칸에 알맞은 답을 쓰세요.

姓 성 성
車 수레 차
主 주인 주
名 이름 명

姓은 (성)이라는 뜻이고, (성)이라고 읽습니다.

名은 (　　　)이라는 뜻이고, (　　)이라고 읽습니다.

車는 (　　　)라는 뜻이고, (　　)라고 읽습니다.

主는 (　　　)이라는 뜻이고, (　　)라고 읽습니다.

'車'는 '차'와 '거' 두 가지 음으로 읽힙니다.

姓名車主 익히기

보기의 한자를 찾아 알맞은 색으로 칠하세요.

보기 姓  名 ⬜ 車 ⬛ 主 ⬛

姓名車主 쓰기

순서에 맞게 한자를 쓰세요.

ㄑ ㄓ 女 女' 女' 妐 妐 姓 姓			女 부수, 총 8획
姓 성 성	姓		

姓名(성명): 성과 이름.

ノ ク ㇆ 夕 名 名			口 부수, 총 6획
名 이름 명	名		

名札(명찰): 성명, 소속 등을 적어 달고 다니는 헝겊 또는 종이나 나무쪽.

一 ㄱ ㄠ 亘 盲 車			車 부수, 총 7획
車 수레 거/차	車		

自動車(자동차): 자체의 동력으로 움직이는 차.

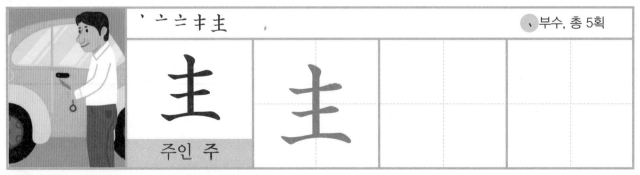

` 二 二 ㄫ 主			丶 부수, 총 5획
主 주인 주	主		

主人(주인): 대상이나 물건 등을 소유한 사람.

漢字文紙 알기

한자의 뜻과 음을 읽어 보고, 빈칸에 알맞은 답을 쓰세요.

漢은 (한나라)라는 뜻이고, (한)이라고 읽습니다.

字는 (   )라는 뜻이고, (   )라고 읽습니다.

文은 (   )이라는 뜻이고, (   )이라고 읽습니다.

紙는 (   )라는 뜻이고, (   )라고 읽습니다.

漢字文紙 익히기

한자와 뜻이 바르게 짝지어진 것을 모두 찾아 ○표 하세요.

漢字文紙 쓰기

순서에 맞게 한자를 쓰세요.

`丶 氵 氵 氵 汁 茾 茾 茾 漢 漢 漢 漢 漢`			氵 부수, 총 14획

漢	漢		
한나라 한			

漢文(한문): 한자로 쓰여진 문장이나 문학.

`丶 宀 宀 字 字 字`			子 부수, 총 6획

字	字		
글자 자			

文字(문자): 글자.

`丶 亠 ナ 文`			文 부수, 총 4획

文	文		
글월 문			

文學(문학): 사상이나 감정을 언어로 표현한 예술.

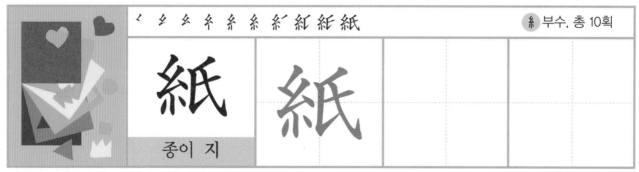

`ㄥ 幺 幺 幺 糸 糸 糽 紅 紙 紙`			糸 부수, 총 10획

紙	紙		
종이 지			

便紙(편지): 안부, 소식 등을 적어 보내는 글.

正直有命 알기

한자의 뜻과 음을 읽어 보고, 빈칸에 알맞은 답을 쓰세요.

正
바를 정

直
곧을 직

有
있을 유

命
목숨 명

正은 (바르다)라는 뜻이고, (정)이라고 읽습니다.

直은 (   )라는 뜻이고, (   )이라고 읽습니다.

有는 (   )라는 뜻이고, (   )라고 읽습니다.

命은 (   )이라는 뜻이고, (   )이라고 읽습니다.

正直有命 익히기

보기의 한자를 찾아 알맞은 색으로 칠하세요.

보기   直 ☁   有 ☁   正 ☁   命 ☁

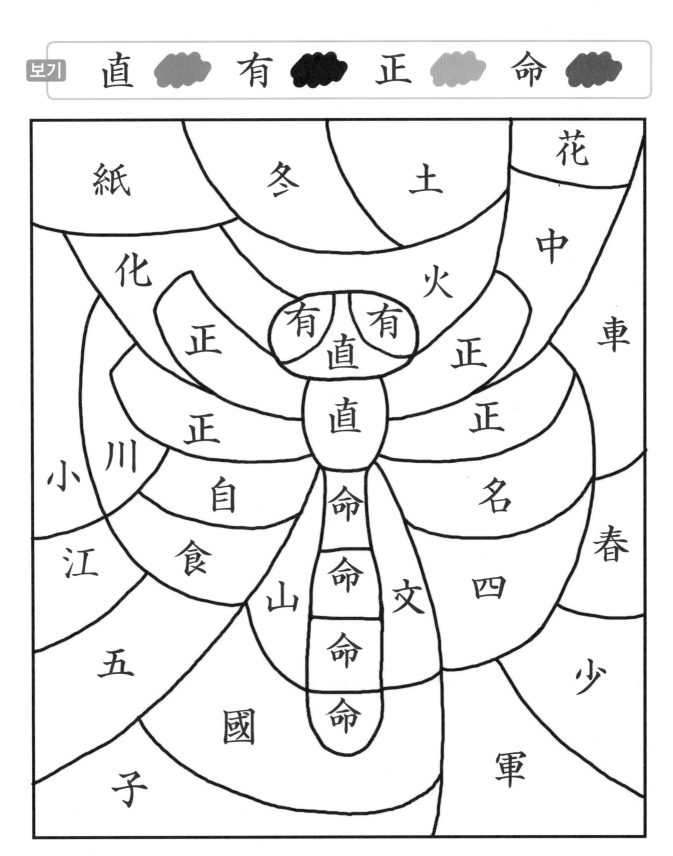

正直有命 쓰기

순서에 맞게 한자를 쓰세요.

一 丁 下 正 正			止 부수, 총 5획
正 바를 정	正		

正門(정문): 건물의 정면에 있는 문.

一 十 广 疒 古 肯 首 直			目 부수, 총 8획
直 곧을 직	直		

正直(정직): 마음에 거짓이나 꾸밈이 없이 바르고 곧음.

ノ 广 ナ 冇 有 有			月 부수, 총 6획
有 있을 유	有		

有名(유명): 이름이 널리 알려져 있음.

ノ 人 스 合 合 合 命 命			口 부수, 총 8획
命 목숨 명	命		

生命(생명): 사람이 살아서 숨 쉬고 활동할 수 있게 하는 힘.

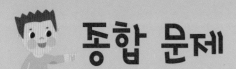

종합 문제

학교에 가면서 지나치는 한자들을 순서대로 쓰고 음과 훈을 선으로 이으세요.

車	名	紙	字	文	正

이름 명 · 글자 자 · 수레 차 · 종이 지 · 바를 정 · 글월 문

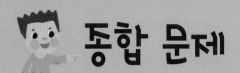

낱말에 공통으로 쓰이는 한자를 보기에서 찾아 빈칸에 번호를 쓰세요.

보기 ❶ 字 ❷ 命 ❸ 紙 ❹ 直 ❺ 正 ❻ 車

정직 ☐ 정확

명령 ☐ 생명

편지 ☐ 시험지

직선 ☐ 정직

자동차 ☐ 열차

문자 ☐ 숫자

어떤 요리사가 음과 뜻이 맞는 빵을 구웠는지 ◯표 해보세요.

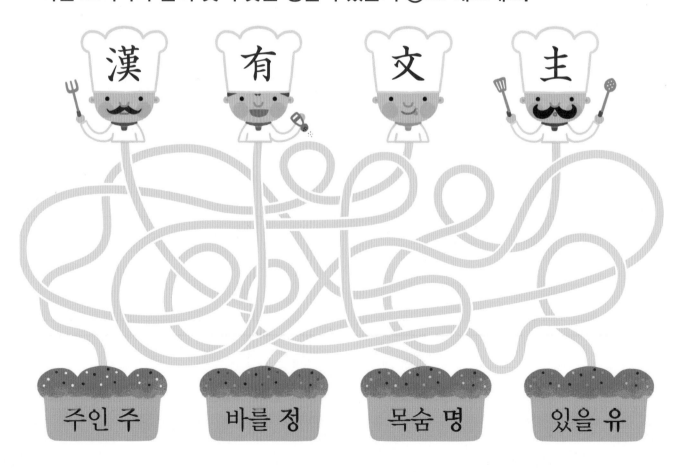

漢   有   文   主

주인 주   바를 정   목숨 명   있을 유

活力立世 알기

한자의 뜻과 음을 읽어 보고, 빈칸에 알맞은 답을 쓰세요.

활 살활

立 설립

世 인간 세

力 힘 력

活은 (살다)라는 뜻이고, (활)이라고 읽습니다.

力은 (   )이라는 뜻이고, (   )이라고 읽습니다.

立은 (   )라는 뜻이고, (   )이라고 읽습니다.

世는 (   )이라는 뜻이고, (   )라고 읽습니다.

'活'은 '살다', '생기 있다'는 뜻을 가지고 있습니다. '콸'이라고도 읽는데, 그때는 '물이 콸콸 흐르다.'라는 뜻입니다.

活力立世 익히기

한자와 뜻이 바르게 짝지어진 신발을 모두 찾아 색칠하세요.

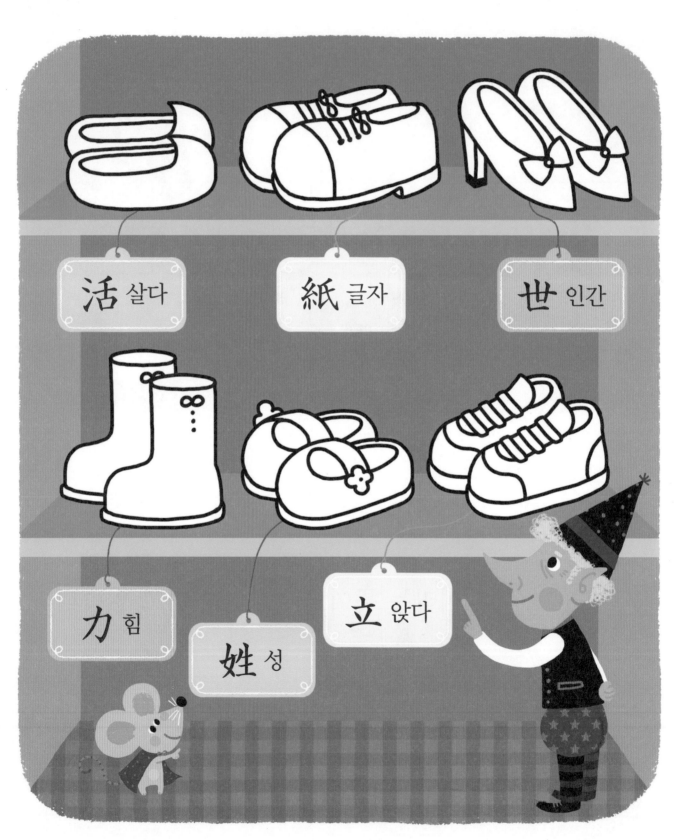

活 살다

紙 글자

世 인간

力 힘

姓 성

立 앉다

活力立世 쓰기

순서에 맞게 한자를 쓰세요.

ﾞ ﾞ ﾞ ﾞ ﾞ ﾞ 活 活 活			シ부수, 총 9획
活 살 활	活		

生活(생활): 사람이나 동물이 활동하며 살아감.

フ カ			力부수, 총 2획
力 힘 력	力		

國力(국력): 한 나라가 지닌 모든 방면의 힘.

ﾞ ﾞ ﾞ 立 立			立부수, 총 5획
立 설 립	立		

立席(입석): 열차, 버스, 극장 등에서 지정된 자리가 없어 서서 타거나 구경하는 자리.

一 十 ﾞﾞ ﾞﾞ 世			一부수, 총 5획
世 인간 세	世		

世上(세상): 사람이 살고 있는 모든 사회.

百千算數 알기

한자의 뜻과 음을 읽어 보고, 빈칸에 알맞은 답을 쓰세요.

百은 (일백)이라는 뜻이고, (백)이라고 읽습니다.

千은 (   )이라는 뜻이고, (   )이라고 읽습니다.

算은 (   )라는 뜻이고, (   )이라고 읽습니다.

數는 (   )라는 뜻이고, (   )라고 읽습니다.

百千算數 익히기

7급 ❷ 보기와 같이 말풍선의 한자를 보고 돈의 액수를 빈칸에 쓰세요.

보기 三百 원

五百 원

千七百 원

五千三百원

千원

300 원

원

원

원

百千算數 쓰기

순서에 맞게 한자를 쓰세요.

一 了 了 万 百 百 　　　白 부수, 총 6획

百　百

일백 백

百元(백원): 100원.

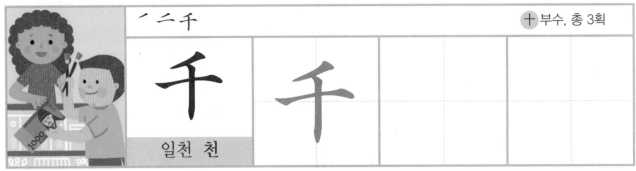

丿 二 千 　　　十 부수, 총 3획

千　千

일천 천

千金(천금): 많은 돈이나 비싼 값을 비유적으로 이르는 말.

丿 亻 𥫗 𥫗 𥫗 𥫗 𥫗 筲 筲 筲 算 算 算 　　　竹 부수, 총 14획

算　算

셈할 산

算數(산수): 수와 기초적인 셈을 가르치는 학과목.

丶 口 甲 甲 日 串 串 昌 畵 婁 婁 婁 數 數 數 　　　攵 부수, 총 15획

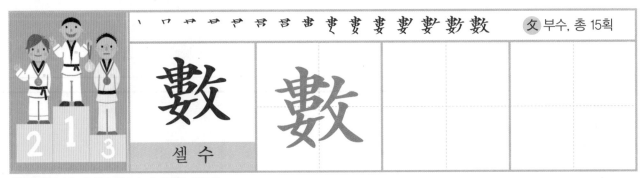

數　數

셀 수

等數(등수): 등급에 따라 정한 차례.

語話記 알기

한자의 뜻과 음을 읽어 보고, 빈칸에 알맞은 답을 쓰세요.

語는 (말씀)이라는 뜻이고, (어)라고 읽습니다.

話는 (   )이라는 뜻이고, (   )라고 읽습니다.

記는 (   )이라는 뜻이고, (   )라고 읽습니다.

語話記 익히기

보기와 같이 한자에 알맞은 뜻과 음을 빈칸에 쓰세요.

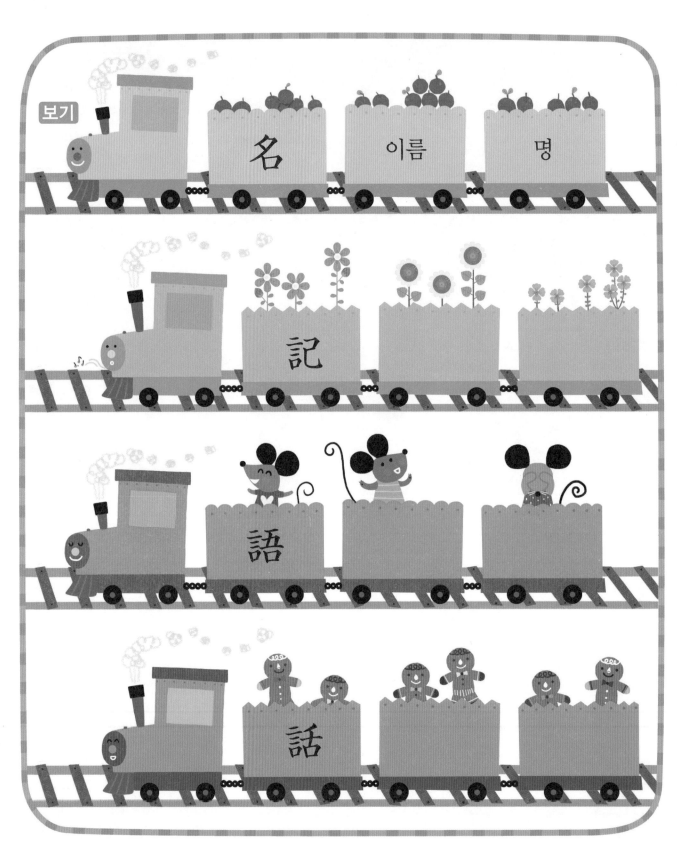

보기

名 　이름　 명

記

語

話

104

語話記 쓰기

순서에 맞게 한자를 쓰세요.

ㅡ ㄱ ㄱ ㄹ ㄹ ㄹ ㄹ ㄹ ㄹ 記 語 語 語 語 語		言부수, 총 14획

語
말씀 어

語

國語(국어): 한 나라의 국민이 쓰는 말.

ㅡ ㄱ ㄱ ㄹ ㄹ ㄹ ㄹ 記 記 話 話 話 話		言부수, 총 13획

話
말씀 화

話

電話(전화): 전화기를 통해 이야기를 나눔.

ㅡ ㄱ ㄱ ㄹ ㄹ ㄹ 記 記 記 記		言부수, 총 10획

記
기록 기

記

筆記(필기): 강의, 강연, 연설 등의 내용을 받아 적음.

어려운 한자를 여러 번 써 보세요.

한자를 보고 알맞은 뜻과 음을 찾아 선으로 이으세요.

 ·

 ·

 ·

 ·

·

·

·

·

보기 와 같이 빈칸에 한자의 뜻과 음을 쓰세요.

語 ➡ [   ]   百 ➡ [   ]

直 ➡ [   ]   名 ➡ [   ]

紙 ➡ [   ]   力 ➡ [   ]

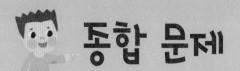

한자와 뜻을 보고 알맞은 음을 찾아 ○표 하세요.

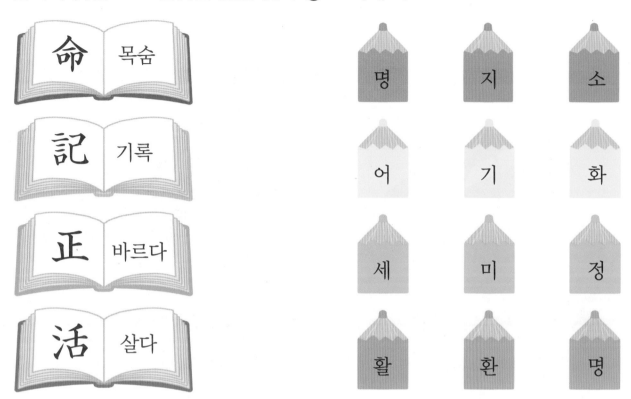

命	목숨		명	지	소
記	기록		어	기	화
正	바르다		세	미	정
活	살다		활	환	명

낱말을 보고 바르게 읽은 것을 찾아 선으로 이으세요.

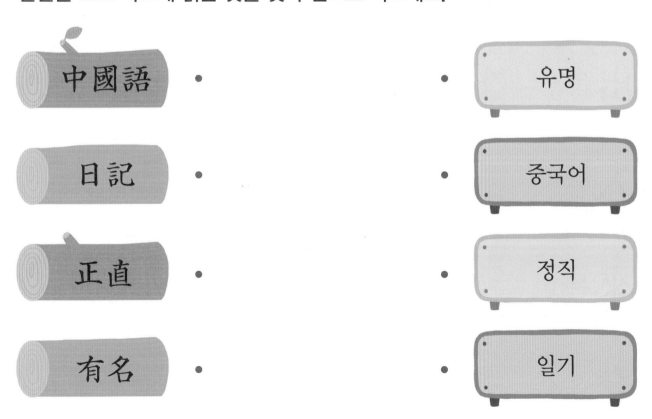

中國語 ·   · 유명

日記 ·   · 중국어

正直 ·   · 정직

有名 ·   · 일기

107

出入來登 알기

한자의 뜻과 음을 읽어 보고, 빈칸에 알맞은 답을 쓰세요.

出 나갈 출

入 들어갈 입

來 올 래

登 오를 등

出은 (나가다)라는 뜻이고, (출)이라고 읽습니다.

入은 (   )라는 뜻이고, (   )이라고 읽습니다.

來는 (   )라는 뜻이고, (   )라고 읽습니다.

登은 (   )라는 뜻이고, (   )이라고 읽습니다.

出入來登 익히기

그림을 보고 보기 에서 알맞은 한자를 찾아 번호와 음을 쓰세요.

보기　❶ 出　❷ 入　❸ 來　❹ 登

7급 ❷

出入來登 쓰기

순서에 맞게 한자를 쓰세요.

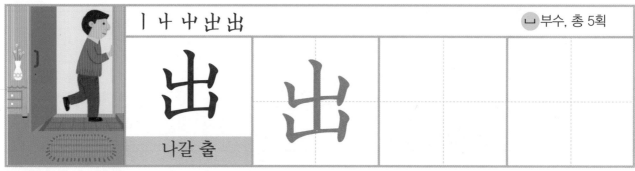

丨 ㅏ 屮 出 出 | 凵 부수, 총 5획

出

나갈 출

出入(출입): 드나들다.

丿 入 | 入 부수, 총 2획

入

들어갈 입

入口(입구): 들어가는 통로.

一 厂 𠂇 从 从 來 來 來 | 人 부수, 총 8획

來

올 래

來日(내일): 오늘 바로 다음 날.

フ ヲ 癶 癶 癶 癶 癶 登 登 登 登 登 | 癶 부수, 총 12획

登

오를 등

登山(등산): 산에 오름.

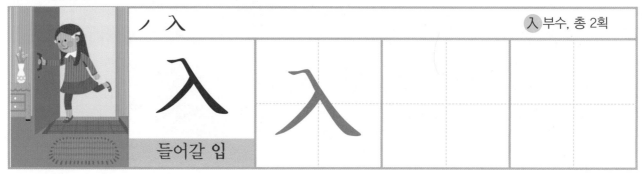

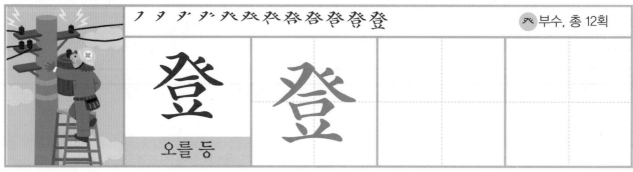

上下左右 알기

7급 ❷

한자의 뜻과 음을 읽어 보고, 빈칸에 알맞은 답을 쓰세요.

上 은 (위)라는 뜻이고, (상)이라고 읽습니다.

下 는 (   )라는 뜻이고, (   )라고 읽습니다.

左 는 (   )이라는 뜻이고, (   )라고 읽습니다.

右 는 (   )이라는 뜻이고, (   )라고 읽습니다.

上下左右 익히기

암호문을 잘 읽고 알맞은 칸에 모양을 그리세요.

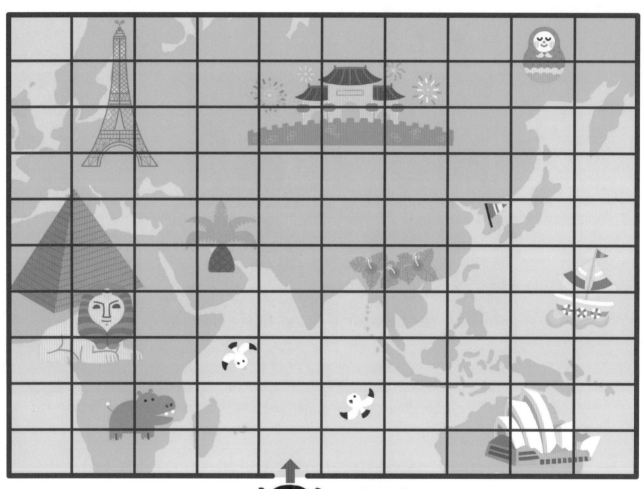

여기서 시작!

암호 2	암호 2	암호 3
上7 左3 칸에 ○를 그리세요.	上9 右5 下2 칸에 △를 그리세요.	上5 左2 右6 下3 칸에 ☆을 그리세요.

上下左右 쓰기

순서에 맞게 한자를 쓰세요.

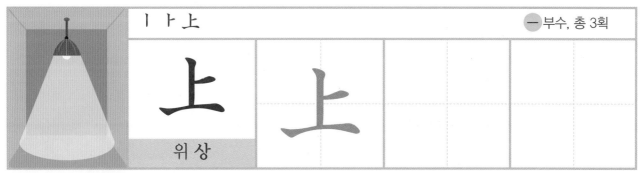

丨 ㅏ 上 　　　　　　　　　　一 부수, 총 3획

上 　 上
위 상

上下(상하): 위와 아래.

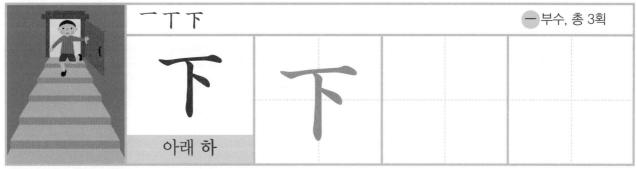

一 丁 下 　　　　　　　　　　一 부수, 총 3획

下 　 下
아래 하

地下室(지하실): 집채 아래에 땅을 파서 만든 방.

一 ナ 左 左 左 　　　　　　　工 부수, 총 5획

左 　 左
왼 좌

左側通行(좌측통행): 도로를 다닐 때, 사람은 길의 왼쪽으로 다니도록 하는 규칙.

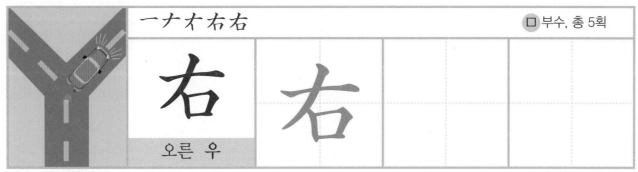

一 ナ ナ 右 右 　　　　　　　口 부수, 총 5획

右 　 右
오른 우

左右(좌우): 왼쪽과 오른쪽.

前後問答 알기

한자의 뜻과 음을 읽어 보고, 빈칸에 알맞은 답을 쓰세요.

前 은 (앞)이라는 뜻이고, (전)이라고 읽습니다.

後 는 (   )라는 뜻이고, (   )라고 읽습니다.

問 은 (   )라는 뜻이고, (   )이라고 읽습니다.

答 은 (   )이라는 뜻이고, (   )이라고 읽습니다.

前後問答 익히기

그림을 보고 알맞은 한자를 찾아 선으로 이으세요.

 •

 •

• 前

• 後

 •

 •

• 答

• 問

 •

 •

• 前

• 後

前後問答 쓰기

순서에 맞게 한자를 쓰세요.

`丷丷广广广广前前前前`   リ 부수, 총 9획

前	前			
앞 전				

前後(전후): 앞과 뒤.

`丿 ク 彳 彳 彳 彳 後 後 後`   彳 부수, 총 9획

後	後			
뒤 후				

後門(후문): 뒷문.

`丨 冂 冂 冂 冃 冃 門 門 門 問 問`   口 부수, 총 11획

問	問			
물을 문				

問題(문제): 답을 얻으려고 낸 물음.

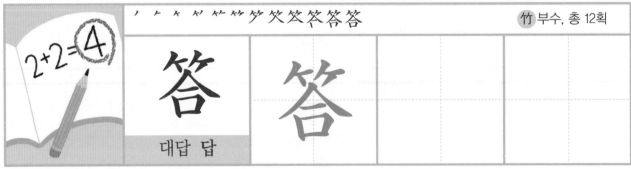

`丿 ㄅ ㅊ ㅊ ㅊ 竺 竺 竹 竹 答 答 答`   竹 부수, 총 12획

答	答			
대답 답				

對答(대답): 묻는 말에 자기의 뜻을 나타냄. 또는 그 말.

보기와 같이 빈칸에 한자의 뜻과 음을 쓰세요.

보기 左 ➡ 왼 좌

出 ➡

上 ➡

前 ➡

來 ➡

登 ➡

後 ➡

그림을 보고 보기에서 알맞은 한자를 찾아 빈칸에 번호를 쓰세요.

보기 ❶ 下山 ❷ 登校 ❸ 外出

하산

외출

등교

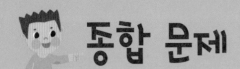

종합 문제

낱말을 보고 바르게 읽은 것을 찾아 선으로 이으세요.

日記	姓名	數字	直立

숫자	직립	일기	성명

한자와 알맞은 음이 만나는 곳에 ◯표 하세요.

	유	력	자	등	화
力					
登					
字					
有					
話					

7급 ③

시간과 장소 등을 나타내는
한자를 읽고 쓸 수 있습니다.

학습 체크리스트

☐ 午夕時內 알기	☐ 市場村所 알기	☐ 每物平重 알기
☐ 午夕時內 익히기	☐ 市場村所 익히기	☐ 每物平重 익히기
☐ 午夕時內 쓰기	☐ 市場村所 쓰기	☐ 每物平重 쓰기
☐ 農事植育 알기	☐ 便安休歌 알기	☐ 電全同動 알기
☐ 農事植育 익히기	☐ 便安休歌 익히기	☐ 電全同動 익히기
☐ 農事植育 쓰기	☐ 便安休歌 쓰기	☐ 電全同動 쓰기
☐ 道邑洞里 일기	☐ 方不色間 일기	☐ 工空旗氣 일기
☐ 道邑洞里 익히기	☐ 方不色間 익히기	☐ 工空旗氣 익히기
☐ 道邑洞里 쓰기	☐ 方不色間 쓰기	☐ 工空旗氣 쓰기

午夕時內 알기

한자의 뜻과 음을 읽어 보고, 빈칸에 알맞은 답을 쓰세요.

午 낮 오

夕 저녁 석

時 때 시

內 안 내

午는 (낮)이라는 뜻이고, (오)라고 읽습니다.

夕은 (   )이라는 뜻이고, (   )이라고 읽습니다.

時는 (   )라는 뜻이고, (   )라고 읽습니다.

內는 (   )이라는 뜻이고, (   )라고 읽습니다.

120

午夕時內 익히기

고깔에 쓰인 한자에 알맞은 뜻과 음을 찾아 선으로 이으세요.

121

午夕時内 쓰기

순서에 맞게 한자를 쓰세요.

ノ广仁午				十 부수, 총 4획

午
낮 오

午

午前(오전): 자정부터 낮 열두 시까지의 시간.

ノクタ				夕 부수, 총 3획

夕
저녁 석

夕

夕陽(석양): 저녁 때의 햇빛 또는 저녁 때의 저무는 해.

l 刂 刂 日 日 日 日 昨 昨 時 時				日 부수, 총 10획

時
때 시

時

時間(시간): 어떤 시각에서 다른 시각까지의 사이.

l 冂 内 内				人 부수, 총 4획

内
안 내

内

室内(실내): 방이나 건물의 안.

農事植育 알기

한자의 뜻과 음을 읽어 보고, 빈칸에 알맞은 답을 쓰세요.

農은 (농사)라는 뜻이고, (농)이라고 읽습니다.

事는 (   )이라는 뜻이고, (   )라고 읽습니다.

植은 (   )라는 뜻이고, (   )이라고 읽습니다.

育은 (   )라는 뜻이고, (   )이라고 읽습니다.

123

農事植育 익히기

한자를 보고 알맞은 뜻과 음을 따라 선으로 이으세요.

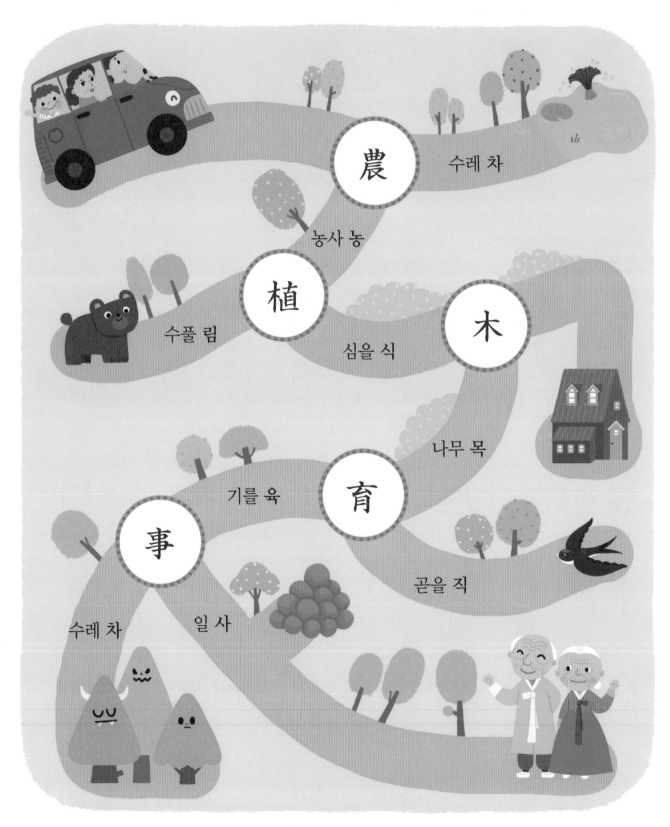

農   수레 차

농사 농

植   木

수풀 림

심을 식   나무 목

기를 육   育

事   곧을 직

수레 차   일 사

農事植育 쓰기

7급 ❸

순서에 맞게 한자를 쓰세요.

`丶 冂 冃 由 曲 曲 曲 芦 芦 芦 農 農 農`			辰 부수, 총 13획
農 농사 농	農		

農事(농사): 곡식이나 과일, 채소 등의 씨를 뿌리고 길러서 거두는 일.

`一 一 一 一 一 写 写 事`			亅 부수, 총 8획
事 일 사	事		

事業(사업): 어떤 일을 일정한 목적과 계획을 가지고 짜임새 있게 지속적으로 경영함.

`一 十 才 木 朾 朾 朾 柿 柿 植 植 植`			木 부수, 총 12획
植 심을 식	植		

植物(식물): 스스로 움직일 수 없고 스스로 양분을 만들어 살아가는 생물.

`丶 亠 云 玄 玄 育 育 育`			月 부수, 총 8획
育 기를 육	育		

育成(육성): 길러 자라게 함.

125

道邑洞里 알기

한자의 뜻과 음을 읽어 보고, 빈칸에 알맞은 답을 쓰세요.

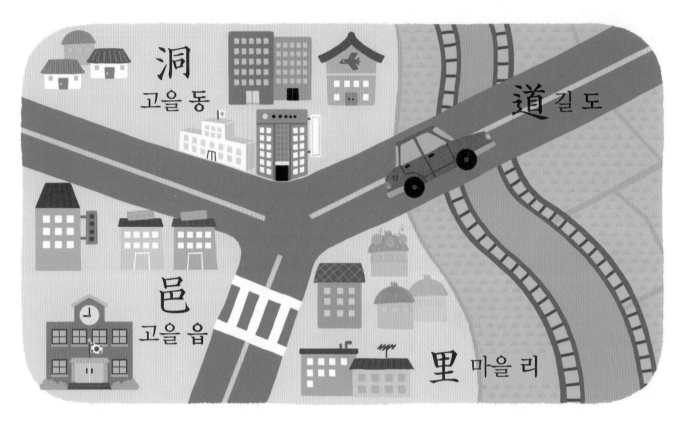

道 는 (길)이라는 뜻이고, (도)라고 읽습니다.

邑 은 (   )이라는 뜻이고, (   )이라고 읽습니다.

洞 은 (   )이라는 뜻이고, (   )이라고 읽습니다.

里 는 (   )이라는 뜻이고, (   )라고 읽습니다.

道邑洞里 익히기

보기 의 한자를 찾아 알맞은 색으로 칠하세요.

보기 道 ☁ 邑 ☁ 洞 ☁ 里 ☁

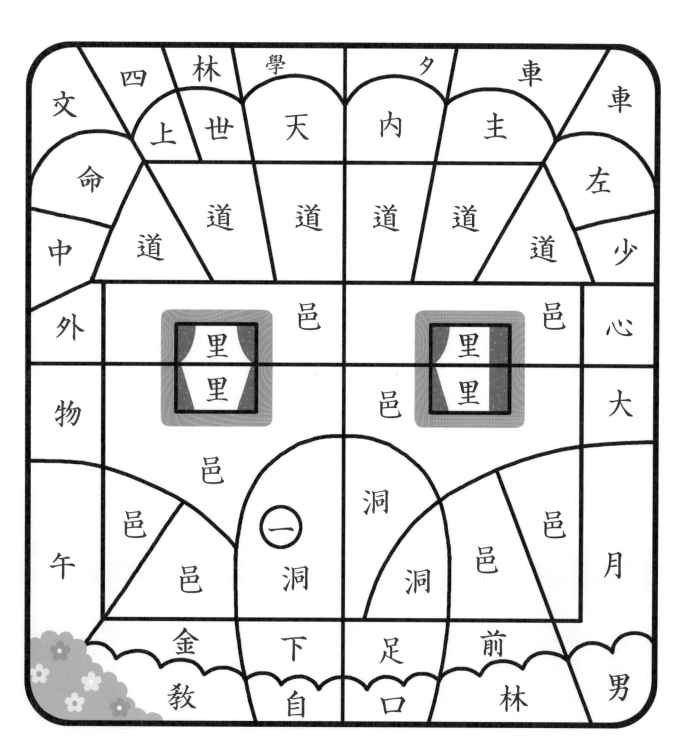

道邑洞里 쓰기

순서에 맞게 한자를 쓰세요.

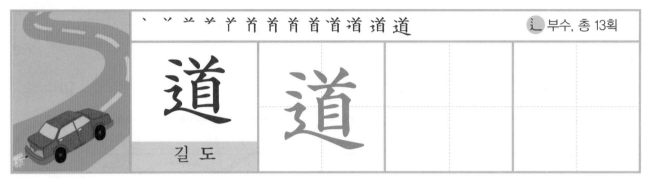

` ` 艹 艹 关 产 首 首 首 首 道 道 道 道　　　辶 부수, 총 13획

道	道		
길 도			

車道 (차도): 차가 다니는 길.

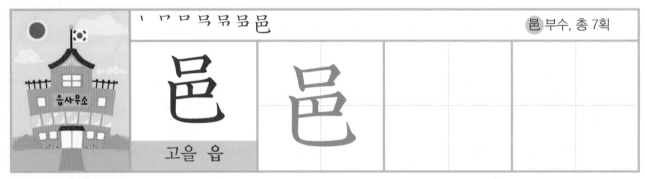

丶 口 口 므 무 뮤 묘 邑　　　邑 부수, 총 7획

邑	邑		
고을 읍			

邑内(읍내): 읍의 구역 안 또는 고을.

` ` ` ` 氵 汩 洞 洞 洞 洞　　　氵 부수, 총 9획

洞	洞		
고을 동			

洞口(동구): 마을의 입구.

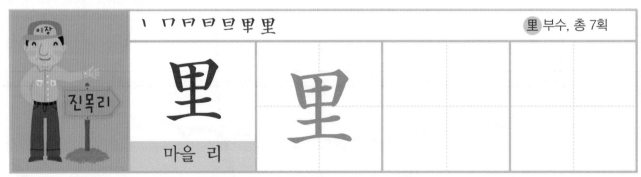

丶 口 口 日 旦 里 里　　　里 부수, 총 7획

里	里		
마을 리			

里長(이장): 행정 구역 단위인 리(里)를 대표하여 일을 맡아보는 사람.

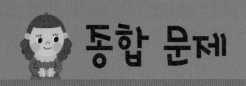

한자를 보고 알맞은 음과 그림을 찾아 선으로 이으세요.

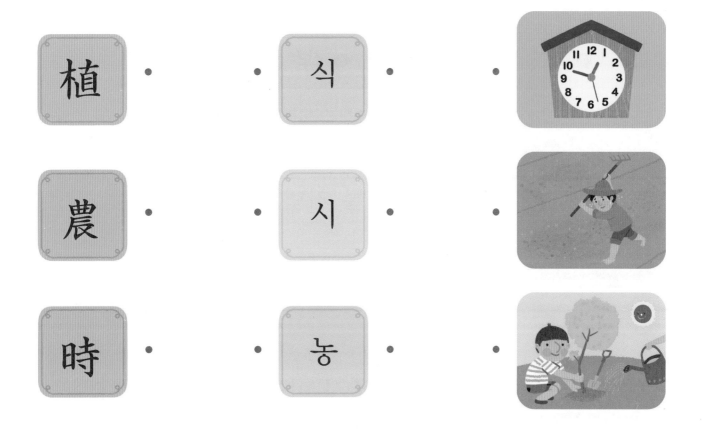

한자를 바르게 읽은 것을 찾아 ◯표 하세요.

時間	신문	시간	일간
午前	연간	완전	오전
人道	인도	팔자	기도
夕食	선수	석식	다식

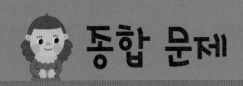

종합 문제

문장에 알맞은 한자를 보기 에서 찾아 빈칸에 쓰세요.

보기   ❶ 時   ❷ 道   ❸ 洞   ❹ 理   ❺ 植   ❻ 午

차 ☐ 를 건널 때는 조심해요.

나는 세종시 미래 ☐ 에 살아요.

3 ☐ 에 영어 수업이 시작돼요.

4월 5일은 ☐ 목일이에요.

130

市場村所 알기

한자의 뜻과 음을 읽어 보고, 빈칸에 알맞은 답을 쓰세요.

市
시장 시

場
마당 장

村
마을 촌

所
곳 소

市는 (시장)이라는 뜻이고, (시)라고 읽습니다.

場은 (   )이라는 뜻이고, (   )이라고 읽습니다.

村은 (   )이라는 뜻이고, (   )이라고 읽습니다.

所는 (   )이라는 뜻이고, (   )라고 읽습니다.

市場村所 익히기

한자를 보고 알맞은 뜻과 음을 찾아 선으로 이으세요.

市 •   • 마을   • 시

所 •   • 시장   • 촌

村 •   • 곳   • 장

場 •   • 마당   • 소

7급 ❸

市場村所 쓰기

순서에 맞게 한자를 쓰세요.

丶 亠 亠 市 市 — 巾 부수, 총 5획

市 — 시장 시

市廳(시청): 시의 행정 사무를 맡아보는 곳.

一 十 土 圴 圸 坍 坦 坦 埸 場 場 場 — 土 부수, 총 12획

場 — 마당 장

場所(장소): 어떤 일이 이루어지거나 일어나는 곳.

一 十 オ 木 朩 村 村 — 木 부수, 총 7획

村 — 마을 촌

山村(산촌): 산속에 있는 마을.

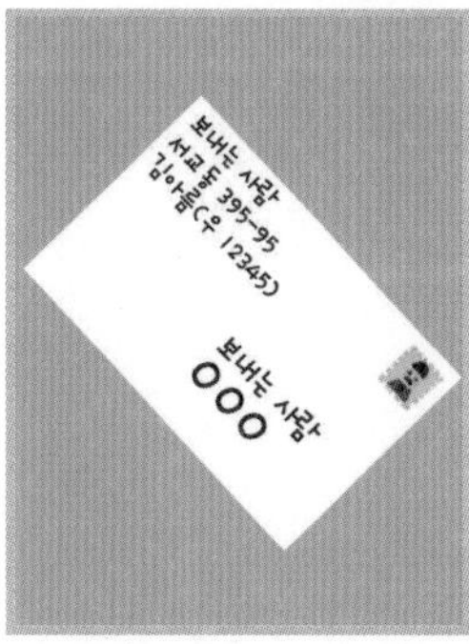

丿 ㄱ ヨ 戶 戶 所 所 所 — 戶 부수, 총 8획

所 — 곳 소

住所(주소): 사람이 살고 있는 곳이나 기관, 회사 등이 자리 잡고 있는 곳을 행정 구역으로 나타낸 이름.

便安休歌 알기

한자의 뜻과 음을 읽어 보고, 빈칸에 알맞은 답을 쓰세요.

便 편할 편

安 편안 안

歌 노래 가

休 쉴 휴

便은 (편하다)라는 뜻이고, (편)이라고 읽습니다.

安은 (   )이라는 뜻이고, (   )이라고 읽습니다.

休는 (   )라는 뜻이고, (   )라고 읽습니다.

歌는 (   )라는 뜻이고, (   )라고 읽습니다.

134   '便'은 '변'이라고도 읽으며, 그럴 땐 '똥, 오줌'이라는 뜻입니다.

便安休歌 익히기

밑줄 친 낱말에 알맞은 한자를 찾아 선으로 이으세요.

이제 좀 쉬어야지.

便

로봇 덕분에 참 편하다.

歌

어제 노래를 불렀어.

安

아, 편안하다.

休

135

便安休歌 쓰기

순서에 맞게 한자를 쓰세요.

ノ イ イ′ 仁 仃 佢 佢 便 便   ① 부수, 총 6획

便	便		
편할 편			

便安(편안): 편하고 걱정 없이 좋음.

ヽ ヽ ′ 宀 宀 安 安   宀 부수, 총 6획

安	安		
편안 안			

安心(안심): 모든 걱정을 잊고 마음을 편히 가짐.

ノ イ イ′ 什 付 休   ① 부수, 총 6획

休	休		
쉴 휴			

休日(휴일): 일을 하지 않고 쉬는 날.

一 丆 न 피 피 핀 핌 哥 哥 哥 歌 歌 歌   欠 부수, 총 14획

歌	歌		
노래 가			

歌手(가수): 노래 부르는 일을 직업으로 삼는 사람.

方不色間 알기

한자의 뜻과 음을 읽어 보고, 빈칸에 알맞은 답을 쓰세요.

方은 (방향)이라는 뜻이고, (방)이라고 읽습니다.

不은 (   )라는 뜻이고, (   )이라고 읽습니다.

色은 (   )이라는 뜻이고, (   )이라고 읽습니다.

間은 (   )라는 뜻이고, (   )이라고 읽습니다.

'不'은 '부도덕', '부자유' 같이, '不' 뒷글자가 ㄷ, ㅈ으로 시작하면 '부'로 읽습니다.
'方'은 '방향' 외에도 '모서리', '사방'이라는 뜻이 있음을 알려 주세요.

137

方不色間 익히기

보기의 한자를 찾아 알맞은 색으로 칠하세요.

보기　方 🟣　不 ⚫　色 ⚪　間 🟣

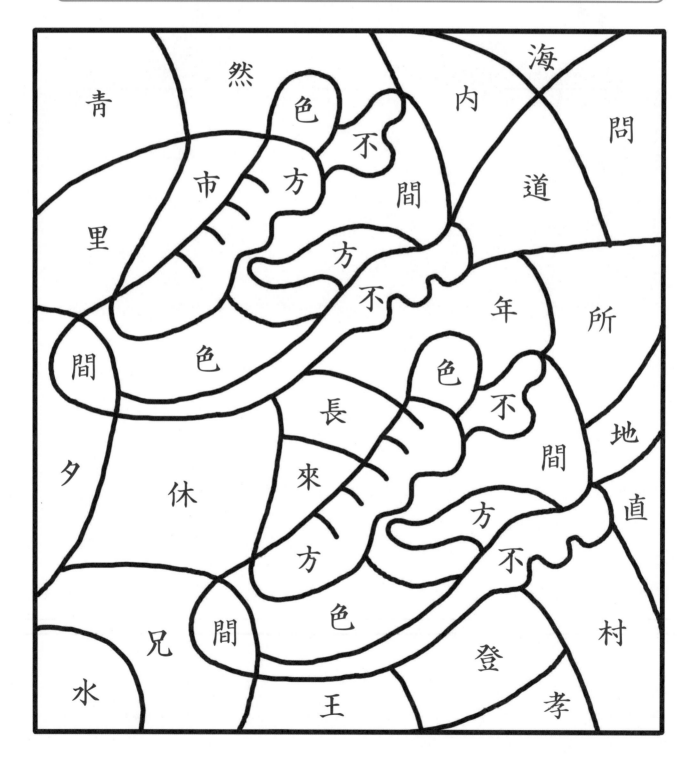

方不色間 쓰기

순서에 맞게 한자를 쓰세요.

一 ㄱ ㄱ 不　　　　　　　　　　　　　　　一 부수, 총 4획

不	不		
아닐 부/불			

不正(부정): 올바르지 아니하거나 옳지 못함.

丶 亠 宁 方　　　　　　　　　　　　　　　方 부수, 총 4획

方	方		
방향 방			

四方(사방): 동서남북의 네 방향.

丿 ク ㄏ ㄅ ㄅ 色　　　　　　　　　　　　色 부수, 총 6획

色	色		
빛 색			

同色(동색): 같은 빛깔.

丨 冂 冂 冂 冃 ㄗ 門 門 門 門 間 間 間　　　門 부수, 총 12획

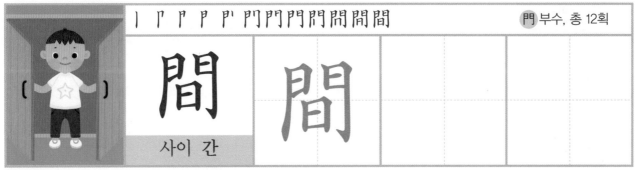

間	間		
사이 간			

間食(간식): 끼니 사이에 음식을 먹음. 또는 그 음식.

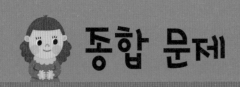 종합 문제

한자를 보고 알맞은 음을 찾아 선으로 이으세요.

 보기   ❶ 便紙   ❷ 洞口   ❸ 市場   ❹ 農村

시장 ☐   편지 ☐   농촌 ☐

한자를 보고 알맞은 음을 찾아 선으로 이으세요.

 休   •   •  리

 歌   •   •  가

 里   •   •  휴

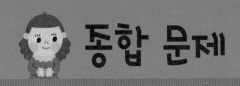

종합 문제

여러분의 꿈은 무엇인가요? 다음에서 가수가 꿈인 친구에게 ○표 하세요.

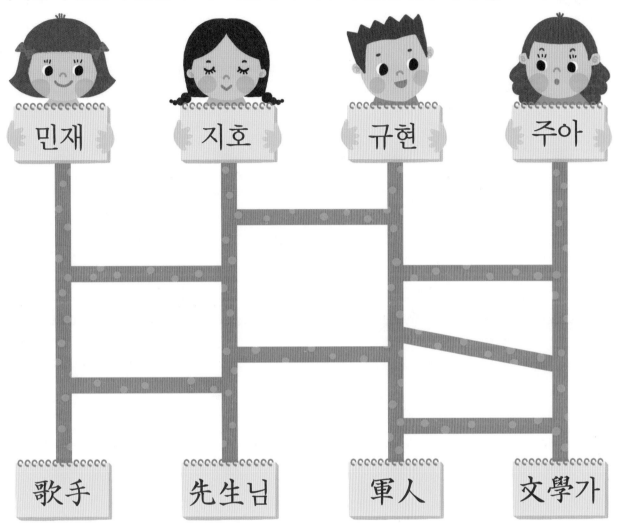

다음 한자의 뜻과 음을 연결해 보세요.

한자	色	便	間	安
뜻	빛	편하다	편안하다	사이
음	편	색	안	간

每物平重 알기

한자의 뜻과 음을 읽어 보고, 빈칸에 알맞은 답을 쓰세요.

每 매양 매

物 물건 물

平 평평할 평

重 무거울 중

每는 (매양)이라는 뜻이고, (매)라고 읽습니다.

物은 (   )이라는 뜻이고, (   )이라고 읽습니다.

平은 (   )라는 뜻이고, (   )이라고 읽습니다.

重은 (   )라는 뜻이고, (   )이라고 읽습니다.

'매양'은 어린 아이가 어머니의 젖을 매번 먹는다는 뜻으로, '언제나', '늘'이라는 의미입니다.

每物平重 익히기

보기와 같이 한자를 보고 알맞은 음을 찾아 선으로 이으세요.

村
보기
촌

물

매

每

重

중

物

해

평

건

平

每物平重 쓰기

순서에 맞게 한자를 쓰세요.

			毋 부수, 총 7획

ノ ケ 仁 匂 句 每 每

每
매양 매 / 每

每日(매일): 날마다.

			午 부수, 총 8획

ノ ← 十 牛 牜 牜 物 物

物
물건 물 / 物

事物(사물): 모든 일과 물건을 뜻함.

			干 부수, 총 5획

一 厂 厂 立 平

平
평평할 평 / 平

平和(평화): 평온하고 화목함. 전쟁 없이 세상이 화목함.

			里 부수, 총 9획

ノ 一 仨 台 台 台 盲 重 重

重
무거울 중 / 重

重力(중력): 지구상의 물체가 지구의 중심으로부터 받는 힘.

電全同動 알기

한자의 뜻과 음을 읽어 보고, 빈칸에 알맞은 답을 쓰세요.

電 번개 전
全 온전할 전
同 같을 동
動 움직일 동

電은 (번개)라는 뜻이고, (전)이라고 읽습니다.

全은 (   )라는 뜻이고, (   )이라고 읽습니다.

同은 (   )라는 뜻이고, (   )이라고 읽습니다.

動은 (   )라는 뜻이고, (   )이라고 읽습니다.

145

電全同動 익히기

그림에 알맞은 한자어를 찾아 ◯표 해 보세요.

전화가 왔어요.

| 電話 | 全話 |

내 동생이에요.

| 洞生 | 同生 |

동물들이 많아요.

| 東物 | 動物 |

안전벨트를 꼭 해요.

| 安全 | 安電 |

7급 ❸

電全同動 쓰기

순서에 맞게 한자를 쓰세요.

一 厂 厂 币 币 雨 雨 雷 雷 雷 雷 電　　　　雨 부수, 총 13획

電 번개 전	電		

電燈(전등): 전기의 힘으로 빛을 내는 등.

丿 ㅅ ㅅ 仝 全 全　　　　入 부수, 총 6획

全 온전할 전	全		

安全(안전): 위험이 생기거나 사고가 날 염려가 없음.

丨 冂 冂 冃 同 同　　　　口 부수, 총 6획

同 같을 동	同		

同名異人(동명이인): 같은 이름을 가진 서로 다른 사람.

丿 二 千 千 台 台 重 重 重 動 動　　　　力 부수, 총 11획

動 움직일 동	動		

運動(운동): 몸을 단련하거나 건강을 위해 몸을 움직이는 일.

工空旗氣 알기

한자의 뜻과 음을 읽어 보고, 빈칸에 알맞은 답을 쓰세요.

工 장인 공

空 빌 공

旗 깃발 기

氣 기운 기

工은 (장인)이라는 뜻이고, (공)이라고 읽습니다.

空은 (   )라는 뜻이고, (   )이라고 읽습니다.

旗는 (   )이라는 뜻이고, (   )라고 읽습니다.

氣는 (   )이라는 뜻이고, (   )라고 읽습니다.

'장인'은 손으로 물건을 만드는 일을 업으로 삼는 사람을 뜻합니다.

工空旗氣 익히기

그림 일기를 보고 밑줄 친 낱말에 알맞은 한자를 보기 에서 찾아 번호를 쓰세요.

비행기를 타고 하늘을 나는 <u>공군</u>이 되어

세계 여러 나라에 <u>태극기</u>를 알리겠습니다.

보기   ❶ 工   ❷ 空   ❸ 旗   ❹ 氣

[ ]군   태극[ ]

工空旗氣 쓰기

순서에 맞게 한자를 쓰세요.

一丁工

工 부수, 총 3획

工	工		
장인 공			

工場(공장): 원료나 재료를 가공하여 물건을 만들어 내는 곳.

丶丷宀宀宍空空空

穴 부수, 총 8획

空	空		
빌 공			

空軍(공군): 항공기를 사용하여 하늘을 지키는 군인.

丶亠亍方方方扩扩扩扩旂旗旗旗

方 부수, 총 14획

旗	旗		
깃발 기			

太極旗(태극기): 대한민국의 국기.

丿一气气气气気気氣氣

气 부수, 총 10획

氣	氣		
기운 기			

空氣(공기): 지구를 둘러싼 대기의 하층부를 구성하는 투명한 기체.

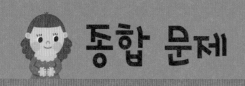

종합 문제

보기와 같이 한자에 알맞은 뜻과 음을 찾아 ○표 하세요.

보기 全	(나무 그림)	설 립	前	(고슴도치 그림)	장소 장
번개 전	온전할 전	기록할 기	앞 전	工	장인 공
左	왼 좌	(물고기 그림)	安	편할 편	가을 추
(악어 그림)	기를 육	편안 안	나갈 출	마음 심	秋
빌 공	장인 공	旗	(사과나무 그림)	氣	기운 기
空	빛 색	나무 목	깃발 기	곳 소	(산 그림)

맡말에 공통으로 쓰이는 한자를 보기 에서 찾아 빈칸에 번호를 쓰세요.

보기　❶ 工　❷ 電　❸ 空　❹ 旗　❺ 每　❻ 物

동물 ☐ 식물　　　　공장 ☐ 공부

공군 ☐ 공기　　　　전철 ☐ 전기

매일 ☐ 매년　　　　태극기 ☐ 백기

한자를 보고 뜻과 음이 맞으면 ○표, 틀리면 ✕표 하세요.

찾아보기 • 해답

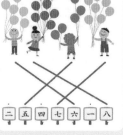

41쪽

東은 (동녘)이라는 뜻이고, (동)이라고 읽습니다.

西는 (서녘)이라는 뜻이고, (서)라고 읽습니다.

南은 (남녘)이라는 뜻이고, (남)이라고 읽습니다.

北은 (북녘)이라는 뜻이고, (북)이라고 읽습니다.

42쪽

44쪽
女는 (여자)라는 뜻이고, (녀)라고 읽습니다.

王은 (임금)이라는 뜻이고, (왕)이라고 읽습니다.

軍은 (군사)라는 뜻이고, (군)이라고 읽습니다.

人은 (사람)이라는 뜻이고, (인)이라고 읽습니다.

45쪽

47쪽
小는 (작다)라는 뜻이고, (소)라고 읽습니다.

中은 (가운데)라는 뜻이고, (중)이라고 읽습니다.

長은 (길다)라는 뜻이고, (장)이라고 읽습니다.

48쪽

50쪽
外는 (바깥)이라는 뜻이고, (외)라고 읽습니다.

門은 (문)이라는 뜻이고, (문)이라고 읽습니다.

寸은 (마디)라는 뜻이고, (촌)이라고 읽습니다.

51쪽

53쪽

54쪽

56쪽
口는 (입)이라는 뜻이고, (구)라고 읽습니다.

面은 (얼굴)이라는 뜻이고, (면)이라고 읽습니다.

手는 (손)이라는 뜻이고, (수)라고 읽습니다.

足은 (발)이라는 뜻이고, (족)이라고 읽습니다.

57쪽

59쪽
男은 (남자)라는 뜻이고, (남)이라고 읽습니다.

子는 (아들)이라는 뜻이고, (자)라고 읽습니다.

祖는 (조상)이라는 뜻이고, (조)라고 읽습니다.

夫는 (남편)이라는 뜻이고, (부)라고 읽습니다.

60쪽

62쪽
老는 (늙다)라는 뜻이고, (로)라고 읽습니다.

少는 (젊다)라는 뜻이고, (소)라고 읽습니다.

孝는 (효도)라는 뜻이고, (효)라고 읽습니다.

心은 (마음)이라는 뜻이고, (심)이라고 읽습니다.

63쪽

65쪽
住는 (살다)라는 뜻이고, (주)라고 읽습니다.

食은 (밥)이라는 뜻이고, (식)이라고 읽습니다.

家는 (집)이라는 뜻이고, (가)라고 읽습니다.

66쪽

68쪽

69쪽

70쪽
春은 (봄)이라는 뜻이고, (춘)이라고 읽습니다.

夏는 (여름)이라는 뜻이고, (하)라고 읽습니다.

秋는 (가을)이라는 뜻이고, (추)라고 읽습니다.

冬은 (겨울)이라는 뜻이고, (동)이라고 읽습니다.

71쪽

73쪽
天은 (하늘)이라는 뜻이고, (천)이라고 읽습니다.

地는 (땅)이라는 뜻이고, (지)라고 읽습니다.

自는 (스스로)라는 뜻이고, (자)라고 읽습니다.

然은 (그러하다)라는 뜻이고, (연)이라고 읽습니다.

74쪽

76쪽
花는 (꽃)이라는 뜻이고, (화)라고 읽습니다.

草는 (풀)이라는 뜻이고, (초)라고 읽습니다.

林은 (수풀)이라는 뜻이고, (림)이라고 읽습니다.

77쪽
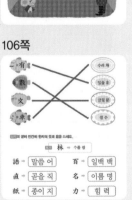

79쪽
川은 (시내)라는 뜻이고, (천)이라고 읽습니다.
江은 (강)이라는 뜻이고, (강)이라고 읽습니다.
海는 (바다)라는 뜻이고, (해)라고 읽습니다.

80쪽
바다 해
수풀 림
강 강
손 수
내 천
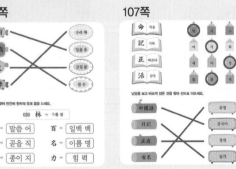

82쪽
● 林木 ● 花草 ● 天地 ● 自然
화초 ② 임목 ① 자연 ④ 천지 ③
춘 1 하 4 추 3

83쪽
花 꽃화 · 백성 민 · 남자 남
江 바다 해 · 내 천 · 강강
秋 겨울 동 · 가을 수 · 짜늘 천
天 하늘 천 · 내 천 · 맑지
白 여자 녀 · 스스로 자 · 나라 국
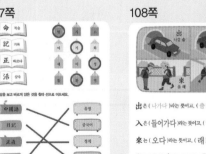

84쪽
春 夏 秋 冬
冬 春 夏 秋

86쪽
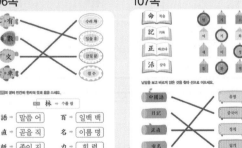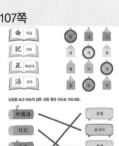
姓은 (성)이라는 뜻이고, (성)이라고 읽습니다.
名는 (이름)이라는 뜻이고, (명)이라고 읽습니다.
車는 (수레)라는 뜻이고, (차)라고 읽습니다.
主는 (주인)이라는 뜻이고, (주)라고 읽습니다.

87쪽
姓 ● 名 ● 車 ● 主

89쪽
漢은 (한나라)라는 뜻이고, (한)이라고 읽습니다.
字는 (글자)라는 뜻이고, (자)라고 읽습니다.
文은 (글월)이라는 뜻이고, (문)이라고 읽습니다.
紙는 (종이)라는 뜻이고, (지)라고 읽습니다.

90쪽
漢 地 字 東 主 文 字 地

92쪽
正 바를 정 ← 直 곧을 직
有 있을 유 命 목숨 명
正은 (바르다)라는 뜻이고, (정)이라고 읽습니다.
直은 (곧다)라는 뜻이고, (직)이라고 읽습니다.
有는 (있다)라는 뜻이고, (유)라고 읽습니다.
命은 (목숨)이라는 뜻이고, (명)이라고 읽습니다.

93쪽
直 ● 有 ● 正 ● 命

95쪽
車 名 紙 字 文 正

96쪽
● 字 ● 命 ● 紙 ● 直 ● 正 ● 後
정직 ⑤ 정확   직선 ④ 정직
명령 ② 생명   자동차 ⑥ 열차
편지 ③ 시험지   문자 ① 숫자
주인 주

97쪽
活은 (살다)라는 뜻이고, (활)이라고 읽습니다.
力은 (힘)이라는 뜻이고, (력)이라고 읽습니다.
立은 (서다)라는 뜻이고, (립)이라고 읽습니다.
世는 (인간)이라는 뜻이고, (세)라고 읽습니다.

98쪽
活 살다   紙 종이   世 인간
力 힘   姓 성   立 있다

100쪽
百은 (일백)이라는 뜻이고, (백)이라고 읽습니다.
千은 (일천)이라는 뜻이고, (천)이라고 읽습니다.
算은 (셈하다)라는 뜻이고, (산)이라고 읽습니다.
數는 (세다)라는 뜻이고, (수)라고 읽습니다.

101쪽
500
300   1700
1000   5300

103쪽
語는 (말씀)이라는 뜻이고, (어)라고 읽습니다.
話는 (말씀)이라는 뜻이고, (화)라고 읽습니다.
記는 (기록)이라는 뜻이고, (기)라고 읽습니다.

104쪽
名 이름 명
記 기록 기
語 말씀 어
話 말씀 화

106쪽
有   수레 車
數   있을 有
文   글월 文
來   셀 數
다음의 빈칸에 한자의 뜻과 음을 쓰세요.
語 = 말씀 어   百 = 일백 백
直 = 곧을 직   名 = 이름 명
紙 = 종이 지   力 = 힘 력

107쪽
命 목숨
記 기록
正 바르다
活 살다
낱말을 보고 바르게 읽은 것을 선으로 이으세요.
中國語 — 중국어
日記 — 일기
正確 — 정확
有名 — 유명

108쪽
出 ● 入 ● 來 ● 登
出은 (나가다)라는 뜻이고, (출)이라고 읽습니다.
入은 (들어가다)라는 뜻이고, (입)이라고 읽습니다.
來는 (오다)라는 뜻이고, (래)라고 읽습니다.
登은 (오르다)라는 뜻이고, (등)이라고 읽습니다.

109쪽
● 出 ● 入 ● 來 ● 登
④ 등   ② 입
① 출   ③ 래

111쪽

上은 (위)라는 뜻이고, (상)이라고 읽습니다.
下는 (아래)라는 뜻이고, (하)라고 읽습니다.
左는 (왼쪽)이라는 뜻이고, (좌)라고 읽습니다.
右는 (오른쪽)이라는 뜻이고, (우)라고 읽습니다.

112쪽
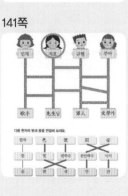
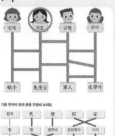

114쪽

前은 (앞)이라는 뜻이고, (전)이라고 읽습니다.

後는 (뒤)라는 뜻이고, (후)라고 읽습니다.

問은 (묻다)라는 뜻이고, (문)이라고 읽습니다.

答은 (대답)이라는 뜻이고, (답)이라고 읽습니다.

115쪽
前
後
答
問
前
後

117쪽
出 = 나갈 출   上 = 위 상
前 = 앞 전   來 = 올 래
登 = 오를 등   後 = 뒤 후

그림을 보고 □ 안에서 알맞은 한자를 찾아 빈칸에 번호를 쓰세요.

보기 ●下山 ●登校 ●外出

하산 ①   외출 ③   등교 ②

118쪽
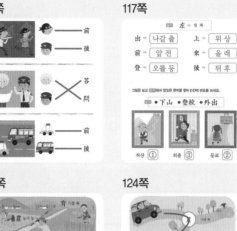

한자와 알맞은 음이 만나는 곳에 ○표 하세요.

	유	력	자	등	화
力		○			
登				○	
字			○		
有	○				
話					○

120쪽
午 낮 오   夕 저녁 석
時 때 시   內 안 내

午는 (낮)이라는 뜻이고, (오)라고 읽습니다.

夕는 (저녁)이라는 뜻이고, (석)이라고 읽습니다.

時는 (때)라는 뜻이고, (시)라고 읽습니다.

內는 (안)이라는 뜻이고, (내)라고 읽습니다.

121쪽

123쪽

農은 (농사)라는 뜻이고, (농)이라고 읽습니다.

事는 (일)이라는 뜻이고, (사)라고 읽습니다.

植은 (심다)라는 뜻이고, (식)이라고 읽습니다.

育은 (기르다)라는 뜻이고, (육)이라고 읽습니다.

124쪽

126쪽
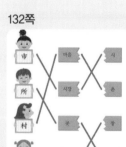

道는 (길)이라는 뜻이고, (도)라고 읽습니다.

邑은 (고을)이라는 뜻이고, (읍)이라고 읽습니다.

洞은 (고을)이라는 뜻이고, (동)이라고 읽습니다.

里는 (마을)이라는 뜻이고, (리)라고 읽습니다.

127쪽
보기 道 ● 邑 ● 洞 ● 里

129쪽
植 — 식
農 — 농
時 — 시

한자를 바르게 읽은 것을 찾아 ○표 하세요.

時間	신문	시간	일간
午前	연간	완전	오전
人道	인도	팔자	기도
夕食	선수	석식	다식

130쪽
보기 ●時 ●道 ●洞 ●理 ●植 ●午

저 ② 를 건널 때는 조심해요.

나는 세종시 미래 ③ 에 살아요.

오 ① 에 영어 수업이 시작돼요.

4월 5일은 ⑤ 공휴일이에요.

131쪽

市는 (시장)이라는 뜻이고, (시)라고 읽습니다.

場은 (마당)이라는 뜻이고, (장)이라고 읽습니다.

村은 (마을)이라는 뜻이고, (촌)이라고 읽습니다.

所는 (곳)이라는 뜻이고, (소)라고 읽습니다.

132쪽
市 — 마을 — 시
所 — 시장 — 촌
村 — 곳 — 장
場 — 마당 — 소

134쪽
便 편할 편   安 편안 안   歌 노래 가   休 쉴 휴

便은 (편하다)라는 뜻이고, (편)이라고 읽습니다.

安은 (편안)이라는 뜻이고, (안)이라고 읽습니다.

休는 (쉬다)라는 뜻이고, (휴)라고 읽습니다.

歌는 (노래)라는 뜻이고, (가)라고 읽습니다.

135쪽
便
歌
安
休

137쪽
方 방향 방   不 아닐 불

方은 (방향)이라는 뜻이고, (방)이라고 읽습니다.

不은 (아니다)라는 뜻이고, (불)이라고 읽습니다.

色은 (빛)이라는 뜻이고, (색)이라고 읽습니다.

間은 (사이)라는 뜻이고, (간)이라고 읽습니다.

138쪽
보기 方 ● 不 ● 色 ● 間

140쪽
보기 ●便紙 ●洞口 ●市場 ●農村

시장 ③   편지 ①   농촌 ④

한자를 보고 알맞은 음을 찾아 선으로 이으세요.

休 — 편
歌 — 가
里 — 휴

141쪽
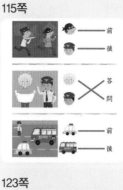

歌手   先生님   軍人   文學가

다음 한자의 뜻과 음을 연결해 보세요.

한자 色 便 間 安
뜻 동 편안하다 편하다 사이
음 색 편 간 안

142쪽

每 매양 매   物 물건 물
平 평평할 평   重 무거울 중

每는 (매양)이라는 뜻이고, (매)라고 읽습니다.

物은 (물건)이라는 뜻이고, (물)이라고 읽습니다.

平은 (평평하다)라는 뜻이고, (평)이라고 읽습니다.

重은 (무겁다)라는 뜻이고, (중)이라고 읽습니다.

143쪽

145쪽
電 번개 전   全 온전할 전   同 한가지 동   動 움직일 동

電은 (번개)라는 뜻이고, (전)이라고 읽습니다.

全은 (온전하다)라는 뜻이고, (전)이라고 읽습니다.

同은 (같다)라는 뜻이고, (동)이라고 읽습니다.

動은 (움직이다)라는 뜻이고, (동)이라고 읽습니다.

146쪽
전화가 왔어요.
電話 室話

내 동생이에요.
洞生 同生

동물이 많아요.
東物 動物

안전벨트를 꼭 매요.
安全 安電

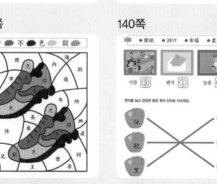

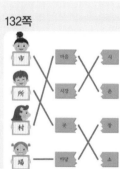
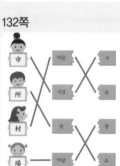
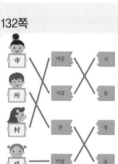
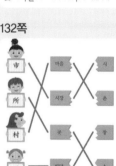
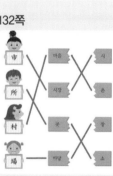
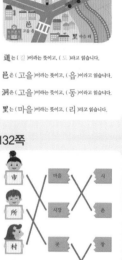

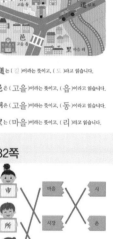

148쪽

工은 (장인)이라는 뜻이고, (공)이라고 읽습니다.

空은 (비다)라는 뜻이고, (공)이라고 읽습니다.

旗는 (깃발)이라는 뜻이고, (기)라고 읽습니다.

氣는 (기운)이라는 뜻이고, (기)라고 읽습니다.

149쪽

비행기를 타고 하늘을 나는 공군이 되어
세계 여러 나라에 태극기를 알리겠습니다.

보기	●工	●空	●旗	●氣

②군   태극③

151쪽

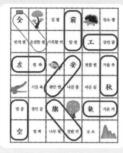

152쪽

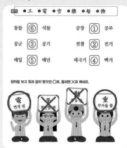

보기	●工	●電	●空	●旗	●年	●物

동물	⑥	식물		공장	①	공부
공군	③	공기		전철	②	전기
매일	⑤	매년		태극기	④	백기

한자를 보고 뜻과 음이 맞으면 ◯표, 틀리면 ✕표 하세요.